CONTEXTES

CONTEXTES

A COLLEGE READER

Jean Carduner

Sylvie Carduner

University of Michigan

D. C. HEATH AND COMPANY
Lexington, Massachusetts   Toronto   London

PREFACE

Contextes is a reading text for beginning college students. Its primary objective is to build a foundation for progress in all the language skills.

Contextes is particularly well suited for the second semester and is equally appropriate as a supplementary reader for the third and fourth semesters. It may also be used in adult education programs. The design of the program—that is, its division into three graded and interrelated parts, each with its exercises—gives it unusual flexibility. It will serve especially well as a basis for written work, oral practice, debate, guided conversations, and individualized reading. We have chosen journalistic French as the stylistic vehicle and selected contemporary themes of a lasting nature to form the basis for the reading. Thus, the physical design of the book is intended to support the concept and the basic thrust of the magazine format, that is, to forcefully engage the reader's interest and to enable him to discuss the issues of the present.

Our overriding concern has been to interest, to inform, and—above all—to motivate the student to read French. It has been our experience that a student who learns to read with proficiency early in his studies ultimately becomes particularly skilled in the active use of French.

We wish to express our thanks to the students who have used this material in their French studies, especially Kathy Ataman, Barbara Baird, Carol Benjamin, Ken Shelden, Alan Smith, and Brenda Stone—all of whom are in the Residential College at the University of Michigan. Many have provided ideas and suggestions, and all of them have, through their work and proficiency, inspired us to improve *Contextes*.

Jean and Sylvie Carduner

TABLE DES MATIÈRES

INTRODUCTION

To read in any language, one's native language included, requires the ability to guess intelligently and to be able to deduce meaning from the context. In learning a foreign language, this ability is crucial because through this process the student develops and extends his control over the new words and structures of the language. The ability to deduce meaning in reading (and listening as well) must be developed from the very beginning of the learning process, consciously and progressively.

Reading means first to recognize and understand words. But a sentence is not a random succession of words; it is a structure. Unless the student deciphers that structure, he is not really reading but is going through a vocabulary list. Carroll describes the process:

> The lexical meaning of morphemes can be stated in terms of objective referents and their attributes and relationships. The meaning of grammatical constructions can be described in terms of structural relationships among persons, things and/or events in spatial and temporal figuration.[1]

Recognition of lexical meaning is usually well taught. Unfortunately, the understanding of the kind of structural relationship Carroll is talking about is usually neglected. This is the reason so few students among those who actually begin the study of a foreign language manage to be able to read anything beyond their textbook.

Why is this essential skill neglected? It may be that the emphasis that in the last 15 years has been rightly put on "speaking" the language has made us forget other equally important aspects of the language. We know that we must teach the language, not *about* the language. But we also know that a young adult at the college level is never going to learn something he does not understand. It is a cliché of the psychology of

---

[1] John B. Carroll, *The Analysis of Reading Instruction: Perspective from Psychology and Linguistics* (Chicago: 1964), offprint from the 63rd Yearbook of the National Society for the Study of Education, Part I, pp. 344–345.

learning that understanding the mechanism behind the rule *helps* in learning the rule. An airline pilot is not trained simply by developing his reflexes and automatic responses; he also learns the principles of aerodynamics. We suggest that a student will learn grammatical structures much faster if he understands their mechanism. It follows that, in order to read a sentence, a student has to be taught systematically how to decipher its structure and diagram it.

As a skill, reading comprehension, together with the understanding of the spoken language, can be developed much faster than the active skills of speaking and writing. Moreover, the faster reading comprehension is developed, the faster speaking and writing will also develop; for as soon as the student reaches the "liberated reading" level, he will read with pleasure and curiosity, and in so doing he will develop a "competence" in the foreign language which will be of tremendous help when he has to *produce* that language either orally or in writing. There is an intimate relationship between competence in the receptive and active skills. But we suggest that the receptive skills, if pushed at a faster pace, will help the active skills to progress also at a faster pace.

Contextes has been written to provide the college student, the student in adult education, and the senior-high-school pupil with a text which will teach reading and at the same time *reinforce* the general study of French. It is especially intended to prepare the student of French to read effectively while he is a student and simultaneously encourage and motivate him to read for enjoyment and information so that he may continue to be a proficient reader of French long after he has ceased to study the language formally.

Contextes may be used in a reading course or as a supplementary reader during the first year, usually during the second semester. It is also especially well suited as a base for conversation or composition during the second year. It can easily become part of an individualized program, permitting the student to read at his own pace. Used in high school, it will fit particularly well into Level IV and V programs. In adult education classes, *Contextes* may be easily used as a basic text with emphasis upon reading and conversation.

In preparing this book, we have selected a certain type of nonliterary writing: journalistic prose. The students who have completed the book should be able to read and understand easily magazines like *L'Express*, *Le Point*, and *Le Nouvel Observateur*. The articles in this selection are closely related to each other in thematic and linguistic content: they form a pedagogical whole. In the first part we have the headlines; in the second, synthetic informative articles; and in the third, editorial writing.

Première partie is an introductory section consisting of 20 very brief selections, none of which exceeds 50 words. Each selection introduces a theme which is reintroduced in the succeeding parts of the text and thus permits development and expansion as the reader's control increases. The material, although very brief, is authentic journalistic French about contemporary topics of high interest and relevance. As a rule, passages especially rich in cognates dominate the selections. An inclusive vocabulary at the end of the *Première partie* contains all the lexical units of the section. In order to encourage the student to guess before he decides to look up a word he does not know, the vocabulary never appears on the same page as the text.

Some instructors may assign Part I to be read outside of class, especially if students have had French before, either in high school or in the previous semester. Otherwise Part I is an effective instrument for developing the fundamentals of learning to read French.

Deuxième partie contains a wide variety of selections and topics, most of which have been included for their high level of interest and because they offer considerable possibilities for dynamic use in conversation or as a basis for composition. The thematic content is similar to the one employed in the *Première partie*. This has been done to insure that the basic, high-frequency lexical content and the associated conceptual elements are reentered and reused in an expanded context. However, rather than doctoring up the texts so as to guarantee reentry of lexical items, we have opted for authenticity, and we have always tried to keep the original style of the text. It is our opinion that pedagogical texts written for teaching reading are often dull and inefficient because they are artificially stuffed with "reentries." A good writer in any language will always attempt to eliminate repetitions ("reentries"). It is better to accustom the student to real language diversity than to facilitate his recognition of lexical items by "babying up" the texts. So, when we talk of lexical elements which are reentered, we really insist on "authentic cultural frequency" and not on contrived pedagogical acrobatics.

The selections themselves are varied, as a whole and individually, in order to provide ample opportunities for use of the material as a basis for comprehension and conversation practices. A vocabulary list accompanies each reading selection. It is placed at the end of the section. Again, this has been done to encourage the student to guess at the meaning of a word or a phrase before looking it up in the vocabulary.

In the *Troisième partie* the student begins to read the "editorial page." The five essays included here are longer than the preceding texts and tend to be more difficult. Experience has shown that the average student who has covered the preceding material adequately and conscientiously will encounter no particular difficulty in reading these essays. In the vocabulary section which follows, we begin to accustom the student to use a dictionary by sometimes providing entries with several different meanings, so that the student will get practice in choosing the one which applies in the text. Of course, students should be encouraged to use a good French-English dictionary.

The alphabetical index of all the vocabulary at the end of the book does not give the meanings of the words but refers the student to the page of the text on which the word appears for the first time. The reason is obvious: we cannot provide the student with a true dictionary, and he might as well learn how to use one very early. On the other hand, the only meaningful way to learn vocabulary is in context. It is likely that the student will remember more easily a word he has seen in context.

We have tried to provide as many helpful devices as possible to facilitate the learning of the student. But the student does the learning, and he has to make a certain amount of intellectual effort. We are confident the student enjoys being treated as a mature adult; this we have tried to do.

How to use CONTEXTES

This book can be used at many different levels. Therefore, the approach will vary. Here are some of the possibilities at the first-year level:

I. Whatever is done in class should always facilitate the student's understanding of the text. It is important to stress resemblance between English and French words in order to encourage intelligent guessing. It is equally important to stress the "mots-outils" and the morphological marks so that they cease to be a problem. The complex structures—with their intricate, varied, and, for the English speaker, cumbersome articulation—have to be analyzed and dissected. Once the student can diagram the sentence, he understands it.

II. How can one check whether the student understands the text if he cannot *talk* about it?

a) The "Êtes-vous bien informé?" questions, offering multiple choices, permit the student to check himself.

b) Then, in class, the teacher can ask the student to *justify* his choices by quoting parts of the text that either confirm or negate the statement in the questions.

c) The "Interprétation" section is meant to be done as homework. It gives the teacher the opportunity to check whether or not the general meaning of the text, in its implications and conclusions, has been correctly grasped. Multiple-choice questions bear on details; this exercise is synthetic. It has to be done in English, since first-year students cannot possibly do it in French. The topics are given in such a form that they cannot become an exercise in translation. Some people might object to the use of English. Let's not be purists. If the students have to be able to use what they learn in French, they will have to be able to articulate their experience in English.

III. The creative work is done in the exercise called "Re-création." The idea here is to use some of the structures of the text with a different arrangement and/or completely new lexical items, in order for each student to write his own text. If the teacher is careful to emphasize that rule of the game (using only structures which are actually in the texts) the results can be surprisingly successful. Some students, in using this approach, will manage quite efficiently to bypass the difficulties stemming from English structural interferences. One good device to encourage the students is for the teacher to correct their work carefully and then have it typed and duplicated in the form of a magazine, which can become, in effect, a personalized version of *Contextes*. Students usually enjoy reading texts written by their peers, and they will find in them hidden reinforcement of the structures and vocabulary already learned. But the success of the enterprise depends absolutely on the *meticulous* correction of the themes by the instructor!

IV. In more advanced classes the texts in the second part can be read aloud by the teacher as informal lectures, and the multiple-choice questions can be used to check the listening comprehension of the students. Although this text, in its present form, is limited to reading, we believe that listening comprehension must be taught along with it. In the same advanced classes the text can easily be used as a springboard for conversations, exposés, and group interaction.

Signes et abréviations

=	*equivalent of*
≠	*different from*
≈	*nearly equivalent, similar to; synonyms*
∞	*the words on each side of this sign have opposite meanings; antonyms*
(X):(Y)::(W):(V)	*(X) stands in the same relationship to (Y) as (W) to (V)*
⌈ (X) ⌊ (Y)	*these two words belong to the same word family in French*
☐	*the following English word belongs to the same word family as the French word mentioned just before*
C	*consonant sound; [C_____] word beginning with a consonant sound*
V	*vowel sound; [V_____] word beginning with a vowel sound*
‿	*liaison*
n.	nom = *noun* n.m. nom masculin = *noun, masculine in gender* n.f. nom féminin = *noun, feminine in gender*
m.	masculin = *masculine form*
f.	féminin = *feminine form*
s.	singulier = *singular*
p.	pluriel = *plural*
art.	article
adj.	adjectif = *adjective*
pron.	pronom = *pronoun*
pron. pers.	pronom personnel = *personal pronoun*
1ère pers.	première personne = *I/we*
2ème pers.	deuxième personne = *you*

3ème pers.   troisième personne = *he/she/they*

sujet = *the noun or pronoun appearing before the verb in the usual word sequence in French and in English*

obj.   objet du verbe = *the noun appearing after the verb in the usual word sequence in French and in English; it represents the object of the action done by the subject*

obj. dir. = *the noun object follows the verb immediately* (objet direct)

obj. indir. = *the noun object is preceded by a preposition, in French, the preposition* à (objet indirect)

v.   verbe = *verb*

v. tr.   verbe transitif = *a verb that takes a direct object*

v. tr. ind.   verbe transitif indirect = *a verb that takes an indirect object*

v. intr.   verbe intransitif = *a verb that takes no object of any kind*

v. pr.   verbe pronominal = *reflexive verb*

inf.   infinitif = *infinitive; the form of the verb listed in the dictionaries*

prés.   présent = *present tense*

p. passé   participe passé = *past participle*

fam.   familier = *colloquial, informal*

pop.   populaire = *vulgar*

Première partie

DÉMOCRATIE ET ENSEIGNEMENT

La démocratisation de l'enseignement est un objectif typiquement bourgeois.

ÊTES-VOUS HEUREUX?

Très heureux: 35%.
(Trente-cinq pour cent)

Assez heureux: 54%.
(Cinquante-quatre pour cent)

La grande majorité des jeunes Français de 15 (quinze) à 29 (vingt-neuf) ans, sont heureux.
Mais, qu'est-ce que ça signifie: être heureux?

QUE LA GUERRE EST JOLIE!

Pour détruire le Viet-Cong, il faut brûler les villages et défolier les forêts.

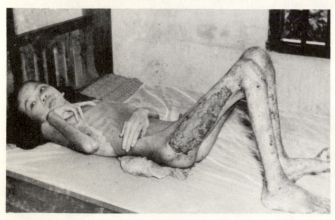

LES AMIS DE LA FRANCE

En France, 36% (trente-six pour cent) des adultes, et 40% (quarante pour cent) des jeunes pensent que les Etats-Unis sont la nation la plus proche de la France.

LA DROGUE

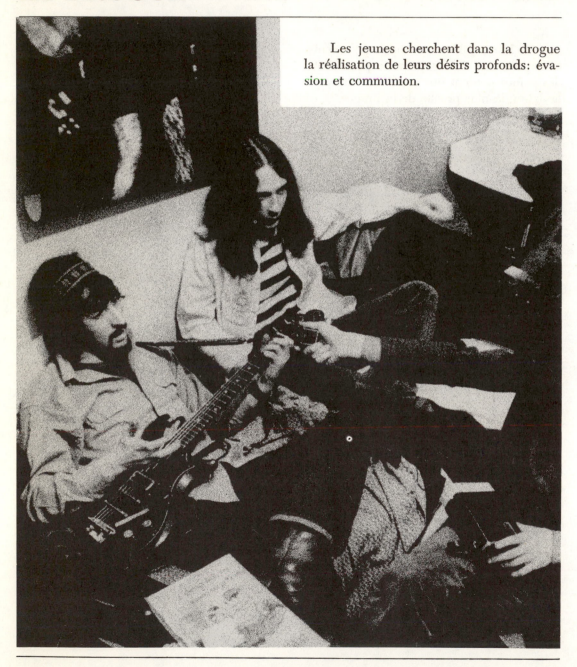

Les jeunes cherchent dans la drogue la réalisation de leurs désirs profonds: évasion et communion.

DES TAUDIS DE LUXE

De 150 (cent cinquante) à 400 (quatre cents) francs par mois pour une chambre de bonne, c'est le prix que paient, cette année encore, 29.000 (vingt-neuf mille) étudiants parisiens.

LE MARIAGE?

Le mariage est-il une institution, un contrat, un coup de foudre, une folie, la sagesse? Mariage d'amour ou mariage de raison, lequel sera le plus heureux? Les experts, psychologues, sociologues, sexologues et moralistes, étudient la question . . . qu'importe la réponse! tout le monde se marie.

LA POLLUTION

Dans 30 (trente) ans, si les hommes continuent à polluer leur atmosphère au même rythme, la Terre sera devenue in- habitable. La biosphère sera détruite; animaux, plantes et hommes dépériront; le climat changera sur la terre entière.

La pollution des cours d'eau.

Pollution chronique importante.

Pollution chronique.

Pollution saisonnière.

Pollution périodique.

LES DERNIERS JOURS DE LA PEINE DE MORT?

En France, la majorité de l'opinion publique est hostile à la guillotine. Mais celle-ci existe toujours; cependant les exécutions sont de plus en plus rares. La France est un des 3 (trois) pays d'Europe, avec l'Espagne et le Portugal, qui conserve dans son code le principe de la peine capitale.

LA CHANSON N'EST PAS UN ART FRIVOLE

Les disques rocks, les chanteurs yéyés, les idoles, ont un succès prodigieux.

« Avec la musique classique, un producteur gagne sa vie; avec les yéyés il fait fortune » dit un magnat de l'industrie phonographique. Toute une industrie vit de ce succès, non seulement les chanteurs, musiciens et producteurs, mais aussi les secteurs industriels les plus variés: habillement, alimentation, produits de beauté, presse spécialisée . . .

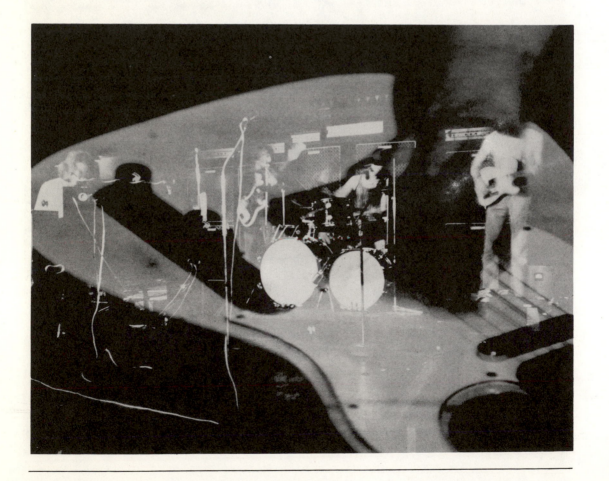

OÙ EST LA POÉSIE?

On nous répète que l'homme moderne vit dans un bain d'images et que la poésie l'entoure de tous côtés, diluée dans le film, la chanson, l'H.L.M., la télévision, la fusée, le spoutnik, l'astronaute, le marteau-piqueur, la benne basculante, la pelle mécanique, les affiches saupoudrées d'érotisme, et cætera, sans oublier les couchers de soleil, les drugstores et les résidences.

Qui veut-on flouer? Qui veut-on évacuer?

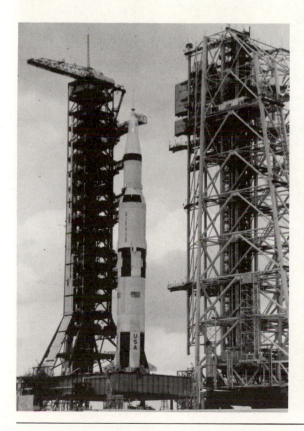

TRIOMPHE MONDIAL DES MANNEQUINS NOIRS

Dans les maisons de Haute Couture les mannequins d'origine africaine ou noire américaine connaissent une vogue triomphale. A New-York, à Londres, à Paris, partout ces jeunes femmes sont à l'avant-garde de la mode: les plus beaux mannequins, les plus belles cover-girls du monde sont désormais noires.

DIEU, D'ACCORD, . . . MAIS L'ÉGLISE, À QUOI BON?

90% (quatre-vingt-dix pour cent) des jeunes Français se déclarent catholiques, c'est-à-dire baptisés, 37% (trente-sept pour cent) seulement sont pratiquants. Beaucoup croient en Dieu, mais refusent l'Eglise, institution sociale; ils veulent une religion plus vivante, qui réponde mieux aux problèmes du monde actuel.

EXPOSITION PICASSO À AVIGNON

En un an, Picasso a peint une toile toutes les 52 (cinquante-deux) heures en moyenne: 165 (cent soixante-cinq) grandes peintures à l'huile exécutées entre le 5 (cinq) janvier 1969 (dix-neuf cent soixante-neuf) et le 1er (premier) février 1970 (dix-neuf cent soixante-dix).

A cela s'ajoutent encore 45 (quarante-cinq) dessins en noir et en couleur. Chacune de ces œuvres exprime une vitalité extraordinaire.

LA RELÈVE DU TAM-TAM

« Nous aimons la radio parce qu'elle a pris la relève du tambour et du crieur public » explique Francis Belbey, du Cameroun, un des meilleurs guitaristes du continent et auteur d'un livre sur la radiodiffusion en Afrique.

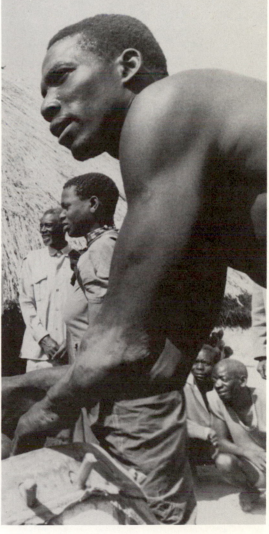

POÉSIE DE LA VITESSE

Le premier ministre a décidé de limiter la vitesse sur route à 110 km (cent dix kilomètres) à l'heure.

C'est la fin d'une certaine conception de l'automobile, instrument de puissance et de liberté illimitées, avec au cœur, le sentiment romantique du risque de mort toujours présent.

La voiture devient un simple moyen de transport: elle passe du poétique au prosaïque.

THÉÂTRE NOIR FRANCOPHONE

Au gala de la Fraternité, organisé à Paris à la mémoire de Martin Luther King, l'actrice martiniquaise Gisèle Baka a proposé la création d'un « Théâtre Noir Francophone » (TNF). Ce projet est en train de devenir une réalité; le public sera large: en effet, le français est la langue officielle et culturelle de 20 (vingt) Etats africains.

LA SCULPTURE DANS LE DÉCOR

Tout le monde ne peut pas se payer un bronze de Giacometti, un mobile de Calder, une structure métallique de Soto. Mais le nombre de Français qui en rêvent augmente rapidement, surtout parmi les jeunes. Aussi les sculpteurs n'hésitent pas à créer des formes utiles: cendriers, jeux, bijoux, moins importants, moins chers, mais aussi beaux que leurs œuvres monumentales.

VIVE LE QUÉBEC LIBRE!

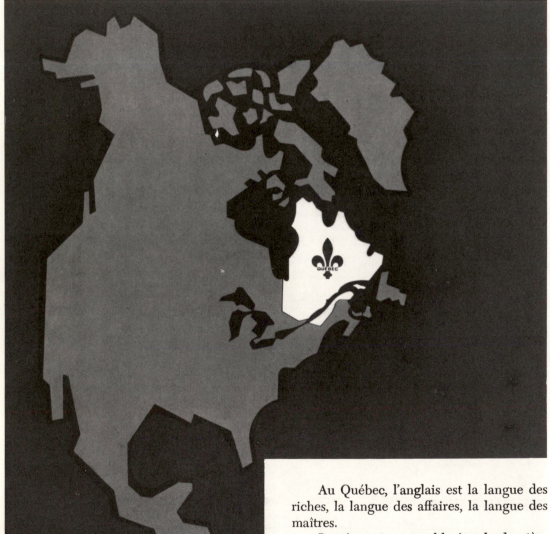

Au Québec, l'anglais est la langue des riches, la langue des affaires, la langue des maîtres.

Le séparatisme semble être la dernière chance de survie, pour cette nation québécoise, dont l'asservissement, moins féroce et plus subtil que celui de la communauté noire des Etats-Unis, est cependant indéniable.

LES JEUNES ET LA SOCIÉTÉ

La Nouvelle Vague ne croit à rien, mais elle croit en elle. Elle voudrait s'intégrer à la Société, mais en la réformant; c'est cette volonté qui lui tient lieu de morale.

Êtes-vous bien informé?

In each of the following, check the true statements.   There may be more than one correct answer.

1.   La démocratisation de l'enseignement:

   a)   est possible

   b)   est impossible

   c)   est un objectif bourgeois

   d)   n'est pas un objectif bourgeois

2.   Plus de 50% des jeunes Français:

   a)   ne sont pas très heureux

   b)   sont heureux

   c)   sont assez heureux

   d)   n'ont pas d'opinion

3.   Pour détruire le Viet-Cong, il faut:

   a)   brûler les villages

   b)   défolier les forêts

   c)   exécuter les prisonniers

   d)   polluer l'atmosphère

4.   Ils pensent que les Etats-Unis sont la nation la plus proche de la France:

   a)   plus de 50% des jeunes Français

   b)   plus de 50% des adultes

   c)   le gouvernement français

   d)   les mannequins africains

5.   Les jeunes cherchent dans la drogue:

   a)   l'évasion

   b)   la sagesse

   c)   la communion

   d)   la réalisation de leurs désirs profonds

6. A Paris, les chambres d'étudiants sont:

    a) rares

    b) grandes

    c) belles

    d) très chères

7. Les experts étudient ces questions: le mariage est-il . . .

    a) une évasion

    b) une communion

    c) la fin de la liberté

    d) une création

8. On peut dire que:

    a) tout le monde se marie

    b) tout le monde ne se marie pas

    c) les jeunes seulement se marient

    d) les adultes seulement se marient

9. Dans trente ans, si la pollution continue:

    a) la Terre est inhabitable

    b) la biosphère est détruite

    c) les plantes sont mortes

    d) le climat a changé

10. En France:

    a) la guillotine existe toujours

    b) la peine capitale existe toujours

    c) le public est favorable à la peine capitale

    d) le public est hostile à la peine capitale

11. Trois pays d'Europe conservent dans leur code le principe de la peine capitale:

    a) la France

    b) la Grande-Bretagne

    c) le Portugal

    d) l'Espagne

12.   Ils vivent du succès de la chanson:

    a)   les chanteurs « idoles »

    b)   la presse spécialisée

    c)   les jeunes

    d)   les producteurs

13.   La poésie, c'est ce qu'on nous répète, est diluée dans:

    a)   la Haute Couture

    b)   les affaires

    c)   l'alimentation

    d)   les affiches érotiques

14.   Les cover-girls noires sont des femmes:

    a)   très belles

    b)   en vogue

    c)   à l'avant-garde de la mode

    d)   assez heureuses

15.   90% des jeunes Français sont:

    a)   pratiquants

    b)   catholiques

    c)   baptisés

    d)   hostiles à l'Eglise

16.   Les jeunes Français refusent l'Eglise parce que:

    a)   c'est une institution sociale

    b)   elle ne répond pas assez bien aux problèmes actuels

    c)   ils préfèrent la drogue

    d)   ils cherchent une religion plus vivante

17.   Picasso a peint 165 toiles:

    a)   en un an

    b)   en noir

    c)   à l'huile

    d)   du 15 janvier 69 au 1er février 70

18. Les Africains aiment la radio parce que:

    a) leur continent est immense

    b) elle remplace le crieur public

    c) ils aiment les chansons yéyés

    d) elle a pris la relève du tam-tam

19. Francis Belbey est:

    a) un Camerounais

    b) un guitariste

    c) l'auteur d'un livre

    d) premier ministre

20. En France, la vitesse sur route, en voiture:

    a) est limitée

    b) n'est pas limitée

    c) est dangereuse

    d) est impossible

21. L'automobile est devenue:

    a) un moyen de transport

    b) un symbole de puissance

    c) une excellente amie

    d) un instrument d'évasion

22. Le Théâtre Noir Francophone aura un large public parce que:

    a) les Africains aiment le théâtre

    b) la radio a remplacé le tam-tam

    c) une Martiniquaise a proposé sa création

    d) le français est la langue culturelle de 20 Etats africains

23. Les sculpteurs créent des « formes utiles » parce que:

    a) elles ne sont pas très chères

    b) tout le monde ne peut pas se payer des œuvres monumentales

    c) ce sont des produits industriels

    d) les jeunes en rêvent

24.   A propos du Québec, on dit que:

    a)   le séparatisme est sa dernière chance

    b)   c'est une nation qui vit dans la servitude

    c)   la langue des riches est l'anglais

    d)   les Québécois sont dans la même situation que les Noirs américains

25.   La Nouvelle Vague:

    a)   ne croit à rien

    b)   ne veut pas s'intégrer à la Société

    c)   veut réformer la Société

    d)   n'a pas de morale

Interprétation

From what you have read in these twenty newspaper flashes, try to construct a profile of a young Frenchman—his life, his environment, his dreams, opinions and hopes.

Re-création

Write new headlines with the French words you know, using the structures already learned as models for new sentences. If you need new words, ask your teacher or a native speaker of French, but beware of bilingual dictionaries!

SENS

Démocratie et enseignement

et (conjonction de coordination) = *and*
enseignement (n.m.) = *education*
> Note: **éducation** (n.f.) *means all things that contribute to the formation of a person, but* **enseignement** *refers to instruction received in school*

corresponding endings:

- **if**	=	- *ive* (n.)
- **ique**	=	- *ical* (adj.)
- **ement**	=	- *ly* (adv.)

Êtes-vous heureux?

vous (pron.) = *you*
heureux (adj.) = *happy*
très (adv.) = *very*
assez (adv.) = *rather; also: enough*
grand (adj.) = *great, big* +e ▶ feminine
jeune (adj.) = *young* +s ▶ plural
Français : France :: Américain : Amérique
an (n.m.) = *year* +s ▶ plural
mais (conj.) = *but*
ça (pron.) = *this*

corresponding endings:

- **té** = - *ty* (n.)

Nouns ending in **-té** *are always feminine in gender.*

Que la guerre est jolie!

guerre (n.f.) = *war*
joli (adj.) = *pretty* +e ▶ feminine
pour (prép.) = *in order to, for (indicates a movement toward a destination or goal).*

détruire (v.) : destruction (n.)   ::   défolier (v.) : défoliation (n.)

il faut = *one must*   *or*   *has to*
              you must   *have to*
              they must   *have to*

> *here the pronoun* il *does not represent anyone in particular. The verb* **il faut** *is for this reason called "impersonnel."*

brûler (v.) = *to burn*

forêt (n.f.) = *forest. This accent:* ^ *usually means that a following* s *has disappeared. This* s *has generally remained in the corresponding English word.*

Les amis de la France

ami (n.m.) = *friend*

en (prép.) = *in*

pensent (v.; infinitif: penser = *to think*) présent

que (conj.) = *that*

Etats-Unis (n.m.) = *United States*

proche (adj.) = *near, close*

de (prép.) *in* "la plus proche **de** la France": *here* = *to, in the equivalent English expression.*

La drogue

drogue (n.f.): narcotique (n.m.)

cherchent (v.; infinitif: chercher = *to look for*) *remember:* "cherchez la femme!"

dans (prép.) = *in*

corresponding endings:

$$- \textbf{ique} = \textit{- ic} \text{ (n.)}$$

corresponding spellings:

	pro**fond**	=	pro**found**
also:	rond	=	*round*
	nom	=	*noun*

In French all these words end with the sound [õ]; *the final consonant is not pronounced.*

Des taudis de luxe

taudis (n.m.) = *hovel, dwelling found in slums*
franc (n.m.) *usually written* F. 1 F = *between 20–25 cents*

> *Note that where in English a period is used in numbers, continental Europeans use a comma, and vice-versa, e.g.:*
>
> *French:* 1.000.000 = *Am.:* 1,000,000 (un million)
> 5, 50 = *Am.:* 5.50 (cinq francs
> cinquante centimes)

mois (n.m.) = *month;* par mois = *every month;* **par** *indicates here an idea of distribution. Often,* **par** = *by.*
chambre (n.f.) = *bedroom*
bonne (n.f.) = *maid*

chambre de bonne: *In Parisian apartment houses built at the end of the 19th century (actually the bulk of Paris housing even today), the maids' bedrooms were not in the apartments, but in the attics. These rooms were uncomfortable, difficult to heat in winter, very hot in summer, and usually were without running water. Nowadays, because maids are scarce and refuse to live in such rooms, the landlords rent them to students.*

prix (n.m.) = *price*
paient (v.; inf.: payer = *to pay*) présent
année (n.f.) = *an* (n.m.)
encore (adv.) = *still, again*
étudiant (n.m.) = *student*
parisien (adj.) : Paris :: français (adj.) : France

Le mariage?

coup (n.m.) **de foudre** (n.f.) = *literally: a lightning bolt, i.e. love at first sight*
⌈sage (adj./n.m.) = *wise*
⌊**sagesse** (n.f.) ∞ **folie** (n.f.)
⌈**amour** (n.m.)
⌊amoureux (adj./n.m.) *corresponding endings:*
            - **eux** (f.: - euse) = - ous
ou (conj.) = *or*

mariage d'amour/mariage de raison: **le mariage de raison:** *Until the* *end of WWI (and until much later in some areas and within certain families), marriages were arranged by the family for practical reasons, such as money, property, and title. More widely accepted in France today is* **le mariage d'amour,** *in which the partners freely choose each other on the basis of a love relationship.*

lequel (pron. interr.) = *which one*
étudient (v.; inf.: étudier); les étudiants étudient
qu'importe = *no matter what . . . it does not matter*
réponse (n.f.) = *answer*
tout le monde = *literally: the whole world, i.e. everybody*
se marie (v.; inf.: se marier: *to get married*) **se** *is mandatory before* **marier** *for the meaning: to get married.*

La pollution

dans trente ans = *thirty years from now*
si (conj.) = *if*
homme (n.m.) = *man;* (plur.): les hommes
polluer (v.) : pollution (n.f.) :: détruire (v.) : destruction (n.f.)
même (adj.) = *same*
Terre (n.f.) = *Earth*
devenu (v.; infinitif: devenir = *to become*) participe passé (*past participle*)
inhabitable (adj.) = *uninhabitable*
détruit (v.; inf.: détruire) part. passé
animal (n.m.) plur.: anim**aux**
dépériront (v.; inf.: dépérir = *to waste away*)
                             - ront: futur pluriel
sur (prép.) = *on*
entier (adj.; f.: entière) = *whole, entire*

corresponding prefixes:
                    in - = *un -*

Les derniers jours de la peine de mort?

dernier (adj.) = *last*
jour (n.m.) = *day*
peine (n.f.) = *penalty*
mort (n.f.) = *death;* mortel (adj.) = *mortal*
celle-ci (pron. dém.) = *this one*

toujours (adv.) = *always; still*
cependant (adv.) = *however*
de plus en plus = *more and more*
un: *here* = *one*
pays (n.m.) = *country*
avec (prép.) = *with*
Espagne = *Spain*
qui (pron. relatif) = *which, who*
principe (n.m.) = *principle*

La chanson n'est pas un art frivole

chanson (n.f.) = *song, here it is a generic name and is equivalent to "songs" in English.*
n' . . . . pas (adv.) = *not*
disque (n.m.) = *record*
chanteur (n.m.) = *singer*
yéyé (adj.) = *qualifies the singers' "rock"; from "yeah! yeah!"*
ont (v.; inf.: avoir = *to have*) présent
gagne (v.; inf.: gagner = *to win, to earn*) ☐ *to gain*
vie (n.f.) = *life;* gagner sa vie = *to earn a living*
il (pron. pers. m.s.) = *he*
fait (v.; inf.: faire = *to do* **and** *to make, only one French verb for the two English verbs*) présent
dit (v.; inf.: dire = *to say*) présent
toute une industrie (n.f.): *a whole industry*
vit (v.; inf.: vivre = *to live*) présent ☐ *vital*
non seulement . . . . . mais aussi = *not only . . . . . but also*
habillement (n.m.) = *clothing*
alimentation (n.m.) = *food products*
produit (n.m.) = *product*

corresponding endings:

- eur (n.m.)	=	*- or*
docteur		*doctor*
secteur		*sector*

- ien (n./adj. m.)	=	*- ian*
musicien		*musician*
Parisien		*Parisian*

- ie (n.f.)	=	*- y*
industrie		*industry*

- é (adj.)	= - ed
varié	varied
spécialisé	specialized

Note:

French	English
composi**tion** (n.f.)	*to compo**se***
composi**teur** (n.m.)	*compo**ser***
produc**tion** (n.f.)	*to produ**ce***
produc**teur** (n.m.)	*produ**cer***

Où est la poésie?

où (adv.) = *where* ≠ **ou** (conj.) = *or*
poésie (n.f.) = *poetry*

on (pr. pers.): *this pronoun replaces an abstract, impersonal entity, nobody in particular. In English, this may correspond, depending on the context, to: they: on nous dit . . . they tell us, you, one: on chante, on est heureux . . . you sing, you are happy, on ne fait pas ça . . . one does not do that, or the passive form: on dit . . . it is said.*

nous (pr. pers.) = *us (also: we)*
répète (v.; inf.: répéter = *to repeat*)
bain (n.m.) = *bath*
l' (pr. pers.) = *him (also: her)* ≠ **l'** (art. déf.)
entoure (v.; inf.: entourer = *to surround*)
tous (adj.) = *all*
côté (n.m.) = *side*
dilué (f.: diluée; part. passé v.; inf.: diluer = *to dilute*)

H.L.M.: Habitation à Loyer Modéré: *apartment buildings, partly financed by the government and rented to low-income families. Usually built in a very plain, functional style. Loyer* (n.m.) = *rent*

fusée (n.f.) = *rocket*
marteau-piqueur (n.m.) = *power-drill, air-hammer*
benne basculante (n.f.) = *dump truck*
pelle mécanique (n.f.) = *steam shovel*
affiche (n.f.) = *poster*
saupoudré (e) (adj.) = *sprinkled*
sans (prép.) = *without*
oublier (v.) = *to forget*
soleil (n.m.) = *sun;* **coucher** (n.m.) **de soleil** = *sunset*
qui (pr. interr.) = *who*

veut (v.; inf.: vouloir $=$ *to want*)
flouer (v.) familier pour « tromper » $=$ *to dupe*
évacuer (v.) : évacuation (n.f.) :: diluer (v.) : dilution (n.f.)

Triomphe mondial des mannequins noirs

⌈ **monde** (n.m.) $=$ *world*
⌊ **mondial** (adj.) $=$ *all over the world*
mannequin (n.m.) $=$ *fashion model. This word is always in the masculine gender, although it applies most often to women.* Ex.: Donyale Luna *est un mannequin noir de Détroit.*
noir (adj.) $=$ *black*
maison (n.f.) $=$ *house*
haut (adj.) $=$ *high*
couture (n.f.) $=$ *sewing;* Haute Couture $=$ *high fashion*
connaissent (v.; inf.: connaître $=$ *to know*)
à (prép.): *here, marks the place where the action happens.*
Londres $=$ *London*
partout (adv.) $=$ *everywhere*
femme (n.f.) $=$ *woman* ☐ *femininity*
mode (n.f.) $=$ *fashion*
beau (adj.; f.: belle) $=$ *beautiful*
désormais $=$ *henceforth, from now on*
du (art. déf. contracté) $=$ (*de le) ◀ does not exist

Dieu, d'accord,... mais l'Église, à quoi bon?

Dieu $=$ *God*
d'accord: accord (n.m.) $=$ *agreement;* d'accord $=$ *O.K.*
Eglise (n.f.) $=$ *the Church*
quoi $=$ *what;* à quoi bon? *what is the use, or in this case: what for? This expression implies a shade of discouragement.*
bon (adj.) $=$ *good*
se (pr. pers.) $=$ *themselves*
c'est-à-dire $=$ *that is*
seulement $=$ *only*
pratiquant (n.m.) $=$ *a Catholic who practices Church teachings*
beaucoup (adv.) $=$ *many*
croient (v.; inf.: croire $=$ *to believe*); croire en $=$ *to believe in . . . to have faith in . . . .*

réponde (v.; inf.: répondre = *to answer*)
mieux (adv.) = *better*
actuel ≠ *actual;* = *of our time, contemporary*

corresponding endings:

- ant	=	*- ing*	
pratiquant		*practicing*	
vivant		*living*	(*here also:* alive)

Exposition Picasso à Avignon

exposition (n.f.) = *exhibition*
peint (v.; inf.: peindre = *to paint*) il a peint: passé composé
toile (n.f.) = *canvas*
toutes les 52 **heures** = *every 52 hours*
heure (n.f.) = *hour*
en moyenne = *average*
peinture (n.f.): le peintre peint des peintures
huile (n.f.) = *oil*
entre (prép.) = *between*
janvier: premier (1er) mois de l'année
février: deuxième (2ème) mois de l'année
cela: ça
ajoutent (v.; inf.: ajouter = *to add*)
dessin (n.m.) = *drawing*
chacun (pron. indéfini) = *each one*
œuvre (n.f.) = *work*
⌈**exprime** (v.; inf.: exprimer)
⌊expression (n.f.)

corresponding endings:

Fr.		*Am. English*		*British English*
coul**eur**	=	col**or**	=	col**our**
honn**eur**		hon**or**		hon**our**

La relève du tam-tam

relève (n.f.) = *relief, the relieving troops*
tam-tam (n.m.) = *African drum*
aimons (v.; inf.: aimer = *to love*)

parce que (parce qu' [V_____]) = *because*
pris (v.; inf.: prendre = *to take*); prendre la relève: *to relieve the guard, to take the place of . . . to replace.*
tambour (n.m.) = *drum*
crieur (n.m.) public = *town crier*
explique (v.; inf.: expliquer = *to explain*)
meilleur : bon :: mieux : bien
auteur (n.m.) = *author*
livre (n.m.) = *book*

Poésie de la vitesse

vitesse (n.f.) = *speed*
premier (adj.) = *first;* **premier ministre** (n.m.) *prime minister*
route (n.f.) = *road*
c' [V_____], ce [C_____] = *this*
fin (n.f.) = *end* ☐ *final*
puissance (n.f.) = *power*
cœur (n.m.) = *heart* ☐ *cordial*
sentiment (n.m.) = *sentiment, feeling*
voiture (n.f.): automobile (n.f.)
devient (v.; inf.: devenir) devenu: participe passé
moyen (n.m.) = *means*
1 km = *0.621 mile*

Théâtre noir francophone

francophone (adj.) = *French-speaking*
fraternité (n.f.) = *brotherhood*
actrice (n.f.): acteur (n.m.)
martiniquais (adj.) : la Martinique :: français : France
en train de = *in the process of . . . .*
en effet = *in fact, indeed; the sentence that follows is offered as proof of the affirmation contained in the one that preceded*
langue (n.f.) = *tongue, language*
état (n.m.) = *state*

corresponding endings:

	Fr.	Am.
	- rice (n.f.) =	- *ress* (n.f.)

La sculpture dans le décor

décor (n.m.) = *set, setting, background*
peut (v.; inf.: pouvoir = *to be able to; "can," "may"*)
se payer (v.) = *to buy for oneself, to treat oneself to . . .*
nombre (n.m.) = *number*
rêvent (v.; inf.: rêver = *to dream*)
surtout (adv.) = *above all*
parmi (adv.) = *among*
aussi (conj.) = *therefore (first word in a sentence)* ≠ aussi
(adv.) (*does not begin a sentence:* exemple: mais
aussi) (p. 33)
⌈**créer** (v.)
⌊**création** (n.f.)
utile (adj.) = *useful*
cendrier (n.m.) = *ashtray*
jeu (n.m.) = *game*
bijou (n.m.) = *jewel*
moins (adv.) = *less* ∞ plus (p. 5)
cher (adj.) = *expensive*
aussi (adv.) [adj.] *que . . . .* = *as [adj.] as . . .*

Vive le Québec libre!

vive ——! = *long live* ——!
⌈**libre** (adj.)
⌊**liberté** (n.f.)
anglais (n.m.) = *the English language:* un Anglais = *an En-glishman*
affaires (n.f.) = *business; in the plural always in this meaning*
maître (n.m.) = *master*
semble (v.; inf.: sembler = *to seem, to appear*)
dernier (adj.) = *last* ∞ premier
survie (n.f.) = *survival*
québécois (adj.) : Québec (n.m.) :: français : France
dont (pr. relatif) = *whose, of which*
asservissement (n.m.) ≠ servitude (n.f.)

moins
plus } [adj.] **que** . . . = *less*
more } *[adj.] than . . .*

celui de (pr. dém.) = *the one of . . .*

Les jeunes et la société

nouveau (adj.) $=$ *new* (f.: nouvelle)

Nouvelle Vague (n.f.) $\neq$ la nouvelle génération; *literally,* $=$ *the new wave, young people about 15 to 20 years old.*

croire à $=$ *to believe in . . . .* ; croire en $=$ *to have faith* (*in God*) (p. 35)

rien (pr. indéfini) $=$ *nothing;* ne . . . . rien $=$ *nothing*

voudrait (v.; inf.: vouloir) conditionnel: *would want to . . . would like to . . .*

volonté (n.f.) $=$ *will* ☐ *voluntarily*

tient (v.; inf.: tenir $=$ *to hold*) **tenir lieu de** $=$ *to take the place of . . . .*

morale (n.f.) $\approx$ éthique (n.f.)

Deuxième partie

ÊTRE HEUREUX

Qu'est-ce que ça signifie?

La majorité des jeunes Français sont heureux

Les 15–29 ans représentent 21,5% de la population totale de la France: 10.695.000 jeunes. La majorité de ces jeunes sont heureux, ou se déclarent heureux.

Très heureux:	35%
Assez heureux:	54%
Pas très heureux:	9%
Sans opinion:	2%

Pour eux, que signifie: être heureux?
Voici les réponses de quelques-uns de ces jeunes:

« J'ai la liberté de penser et de dire ce que je veux, d'avoir des amis, une profession que j'aime. »

(Officier de la marine marchande)

« Je suis jeune, jolie, en bonne santé, libre et sans problème sérieux. J'ai des amis et je vis un amour éphémère peut-être, mais agréable. »

(Vendeuse)

« Je suis marié avec la femme que j'aime, j'ai deux garçons, mon métier me passionne. »

(Maître C.E.G.)

	Important	Pas important	Sans opinion
Aimer sa profession	98%	1%	1%
Être bien logé	96%	4%	—
Avoir des amis	87%	12%	1%
Pouvoir continuer à s'instruire	86%	11%	3%
Avoir des enfants seulement quand on le veut	84%	8%	8%
Participer à la vie politique	72%	23%	5%
Avoir beaucoup de loisirs	69%	23%	3%
Faire des voyages	68%	29%	3%
Avoir une voiture	53%	43%	4%
Ne pas trop penser aux autres	48%	40%	12%
Être marié	39%	54%	7%

Aimer sa profession, c'est très important

Mais, pour vivre heureux aujourd'hui, qu'est ce qui est important?

La profession, celle qu'on a ou qu'on aura tient la première place dans les préoccupations des jeunes. Pour eux, une bonne profession est celle qui laisse le temps de vivre, des loisirs et assure un salaire décent.

Les filles sont plus heureuses que les garçons

Proportionnellement, les filles se déclarent plus heureuses que les garçons.

Très heureux:	Filles	40%
	Garçons	30%
Pas très heureux:	Filles	8%
	Garçons	11%

Les éléments matériels sont secondaires

Mais les étudiants estiment souvent que les éléments matériels sont secondaires dans la vie:

« Ce qui est essentiel, c'est que la vie ait un sens et une unité profonde. »

(Agrégatif)

« L'appartement, la voiture: des appétits de petit-bourgeois. Être soi-même, ne pas aliéner sa liberté, voilà ce qui compte. »

(Etudiant en lettres)

Le bonheur et les autres

Une large minorité pense qu'il est important, pour être heureux, de s'occuper des autres:

« Le bonheur personnel passe par le bonheur des autres. »

(Agriculteur)

« Il faut arriver à penser beaucoup moins à soi et beaucoup plus aux autres. »

(Artisan)

A tous les âges, dans toutes les classes sociales, le désir d'avoir des amis est évi-

dent.   Tous pensent que la solitude est
une calamité, mais la majorité des moins
de trente ans ne semblent pas pressés
d'échapper à la solitude par le mariage.

CENSIER

SEXE: c'est bien, dit Mao, mais pas trop souvent.

REPÈRES

Social classes in France: Social classes in France differ from social classes in the U.S. The difference between upper-middle class and lower-middle class is larger in France than in the U.S., and class consciousness is stronger because mobility is minimal. The people in the article probably see themselves as belonging to the following "classes sociales":

upper middle class: "agrégatif," "étudiant en lettres"
middle class: "maître C.E.G.," "officier de marine marchande"
working class: "vendeuse," "artisan," "agriculteur."

Maître C.E.G.: The C.E.G. (Collège d'Enseignement Général) is a secondary school similar to the vocational high school. The "lycée" is strictly geared to a college preparatory program. The C.E.G. is the school young people attend when they are not in a "lycée"; public schooling is required until age 16. The C.E.G. teacher is not as highly paid or considered as the "lycée" teacher. The "agrégatif," also mentioned here, will become, when he has his degree, a "lycée" teacher.

Artisan: In France, an "artisan" is traditionally a man who works alone or with a few helpers (apprentices) in any of the trades. These include plumbers, electricians, cabinetmakers, potters, etc. He often owns his shop. The concept of "artisan" has the connotation of quality work.

Êtes-vous bien informé?

1. En France, les jeunes de 15–29 ans:

   a) représentent plus de 1/5 de la population
   b) sont plus de dix millions
   c) se déclarent heureux, en majorité
   d) n'ont pas d'opinion sur le bonheur

2. Les jeunes Français placent parmi les 4 éléments les plus importants pour être heureux:

   a) avoir une voiture
   b) avoir des amis

    c) aimer sa profession

    d) être marié

3. Les jeunes Français pensent qu'un métier est bon si:

    a) il fait gagner une fortune

    b) il laisse des loisirs

    c) il est passionnant

    d) il assure un salaire décent

4. Ce qui compte pour les étudiants c'est:

    a) que la vie ait un sens

    b) avoir un appartement et une voiture

    c) être soi-même

    d) ne pas aliéner sa liberté

5. En France:

    a) les filles sont moins heureuses que les garçons

    b) tout le monde désire avoir des amis

    c) les jeunes sont pressés de se marier

    d) une large minorité pense qu'il faut s'occuper des autres si on veut être heureux

Interprétation

Define the idealistic and practical elements of happiness as seen by young Frenchmen. Does this image vary according to their social status? In what way?

Re-création

Make up a list of twenty questions designed to help you determine what your friends think happiness is. Write the results of your survey in one of the following forms:

Happiness and the American young man or woman.
Happiness as seen by X (one particular young man or woman).

SENS

Noms

agrégatif (m.): étudiant qui prépare un concours (*competitive examination*) difficile, l'agrégation.
agriculteur (m.): homme qui vit de l'agriculture.
bonheur (m.) = *happiness*
enfant (m.) = *child*
fille (f.) = *girl, also: daughter*
garçon (m.) = *boy*
lettres (f.p.): études littéraires ≠ sciences (f.p.)
loisir (m.) = *leisure*
maître (m.) C.E.G.: professeur dans un Cours d'Enseignement Général *(high school, non-college-preparatory track).*
métier (m.): *trade*
salaire (m.) = *salary*
santé (f.) = *health*   □ *sanitary*
sens (m.) = *meaning, direction*
temps (m.). = *time; also: weather (only one French word for both)*
                              □ *temporal, temporary*
vendeuse (f.) = *salesgirl*

Verbes

ai (inf.: avoir = to have) 1ère pers. présent: j'ai; 3ème pers.: il a.
ait (inf.: avoir) 3ème pers. subjonctif
aura (inf.: avoir) 3ème pers. futur
échapper = *to escape*
estimer = *to judge*
faire = *to do; also: to make*
instruire(s') = *to get an education*   □ *instruction*
laisser = *to leave*
loger = *to house*   □ *lodge*
occuper (s') **de** . . . = *to take care of* . . .

passer par . . . = *to go through*
passionner = *to cause someone to become excited and deeply involved*
pouvoir = *to be able to*
suis (inf.: être = *to be*) 1ère pers. présent: je suis
tient (inf.: tenir = *to hold*) 3ème pers. présent: il/elle tient
veux (inf.: vouloir = *to want*) 1ère pers. présent: je veux
vis (inf.: vivre = *to live*) 1ère pers. présent: je vis

Déterminants

mon (adj. poss.) 1ère pers. + [V——$^{m./f.}$——] et + [C——$^{m.}$——] singulier
3ème pers. sing.: **son**

Adjectifs

deux: 2
pressé = *rushed, in a rush*

Pronoms

autre (pron. indéfini) = *(the) other*
ce (pron. démonstratif abstrait) ce qui/que = *that . . . which*
celle (pron. dém. f. concret) celle qui/que = *the one . . . who(m)*
je [C———], j' [V———] (pron. pers.) 1ère pers. s. sujet = *I*
eux (pron. pers.) 3ème pers. p. complément = *them*
me (pron. pers.) 1ère pers. s. complément = *me*
que (pron. interrogatif complément non-humain) = *what?*
quelques-uns (pron. indéfini) = *a few, several*
soi (pron. pers.) 3ème pers. complément = *oneself*, + **même**: *added emphasis on "soi"*

Adverbes

aujourd'hui = *today*
peut-être = *maybe*
souvent = *often*
trop = *too much*

voici, voilà: *In a text, these adverbs serve to point to something within the sentence: "voici" points to what will follow, "voilà" to what has just preceded.*

Conjonction

quand = *when*

QUI SONT LES FRANÇAIS?

50 millions de Français

Au 1er janvier 1970, la France comptait environ 50,5 millions d'habitants, 9 millions de plus qu'en 1936.

Mais les démographes sont inquiets: en 1964, brusquement, le taux de natalité a commencé à baisser. Il est tombé de 18,1 naissances par 1000 habitants en 1964, à 16,6 en 1968. Conséquence de cette tendance nouvelle: le pourcentage des moins de 20 ans dans la population diminue déjà: 34,2% en 1966, 33,1% en 1970.

La baisse de la natalité

Pour les démographes, cette baisse de la natalité est une énigme. La chute de la natalité a commencé pendant une année de difficultés économiques et au moment où se développaient les campagnes pour la contraception. Mais la chute de la natalité a été quasi générale dans l'Europe de l'Ouest. Les Etats-Unis et l'URSS ont connu la même évolution avec quelques années d'avance. C'est un des grands mystères de notre temps. C'est le signe, peut-être, que l'après-guerre, avec ses angoisses mais aussi ses espoirs, est bien terminée.

Le Français grandit

Il y a 100 ans, le Français avait les cheveux noirs et les yeux bleus; sa taille ne dépassait pas 1 m 64. En 1970 il a les cheveux châtain clair et les yeux bruns. Il a grandi: 1 m 70. La moyenne ne pèse que 70 kilos et 1 Français sur 10 seulement dépasse 85 kilos. Il est plus séduisant, son teint parfois brouillé par le surmenage se dissimule sous le bronzage.

La Française a gagné 2 cm en 20 ans et son poids n'est plus que de 55 kilos.

L'amélioration du niveau de vie

Comment ce peuple s'est-il ainsi transformé? Par l'amélioration du niveau de vie. Les statistiques montrent que la différence moyenne de taille entre un cadre supérieur et un ouvrier est de 4 cm. Cette différence devrait disparaître chez leurs enfants. Le niveau de vie se traduit en effet dans l'alimentation, clef de la croissance dès le berceau. Aujourd'hui tous les bébés sont nourris de viande et de vitamines, dès les premiers mois.

La pratique du sport

L'information et la publicité ont joué un rôle dans la métamorphose des Français. On sait mieux ce qu'il faut manger. Les femmes savent utiliser les produits de beauté. Les affiches qui montrent des anatomies parfaites encouragent à la pratique du sport. Les sports les plus pratiqués par les jeunes sont la natation, le tennis et le football.

L'ombre au tableau

Seule ombre au tableau: les hommes perdent de plus en plus tôt leurs cheveux, « entre 25 et 35 ans », précisent les coiffeurs. Et les femmes commencent à les perdre aussi. La vie intellectuelle plus intense en serait responsable.

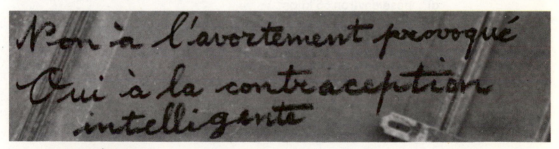

Non à l'avortement provoqué
Oui à la contraception intelligente

REPÈRE

Le football: Called soccer in the United States, French "football" is as popular in France as the combined popularity of baseball and football in the U.S. A soccer match in France is a 90-minute game— two halves of 45 minutes each, with a 20-minute break between periods —played by rival teams of eleven men to a side. Points are scored by advancing the ball into the goal net, primarily by kicking it. It is illegal to use the hands or arms when shooting or when passing the ball to advance it toward the goal. No time-outs are allowed, so a stoppage in play only occurs when the ball goes out of bounds or a rule infraction is called by the referee. It is a fast-moving, continuous, and exciting sport.

Êtes-vous bien informé?

1. En 1964, en France:

    a) le taux de natalité a augmenté brusquement

    b) le taux de natalité a commencé à baisser

    c) le pourcentage des moins de 20 ans a diminué

    d) le pourcentage des plus de 20 ans n'a pas changé

2. Les démographes déclarent que la baisse récente de la natalité:

    a) existe seulement en France

    b) est facile à expliquer

    c) est le signe que les hommes perdent leurs espoirs

    d) est une conséquence directe de la guerre

3. Aujourd'hui, le Français typique:

    a) a les cheveux noirs

    b) est moins grand que le Français moyen d'il y a 100 ans

    c) pèse environ 55 kilos

    d) est séduisant mais parfois surmené

4. La race française s'améliore parce que:

    a) les bébés mangent de la viande plus tôt

    b) les jeunes font régulièrement du sport

    c) tout le monde utilise des produits de beauté

    d) les beaux couples ont de plus en plus d'enfants

5. On pense que les hommes perdent leur cheveux tôt parce que:

    a) ils ne consomment pas assez de vitamines

    b) ils pratiquent trop la natation

    c) ils ont une vie intellectuelle très intense

    d) ainsi, ils sont plus séduisants

Interprétation

Write a short profile of today's typical Frenchman.   Use all the suitable details you find in the article.

Re-création

Describe the average American,

or: a person you know well (actor, relative, politician or even yourself).

SENS

Noms

angoisse (f.) = *anguish*
après-guerre (f.) = *the period right after a war*
avance (f.) = *headstart* ☐ *advance*
baisse (f.): diminution
bébé (m.) = *baby*
berceau (m.) = *crib*
bronzage (m.) = *suntan*
cadre (m.) = *executive*
cheveu (m.) = *hair*
chute (f.) = *fall*
clef (f.) = *key*
cm: centimètre (m.): *about 1/3 in.*
coiffeur (m.) = *hairdresser, barber*
croissance (f.) = *growth*
espoir = *hope. Note: In French there are two words for hope:*
      espoir *means hope for things on this earth;* espérance (f.)
      is more spiritual hope, e.g., for life after death.
habitant (m.) = *inhabitant; here: a population of . . .*
information (f.) = *here: the media*
kilo: kilogramme (m.) = *a little more than two pounds*
m: mètre (m.) = *about 3 in. more than one yard*
naissance (f.) = *birth*
natalité (f.) = *birthrate*
natation (f.) = *swimming*
niveau (m.) = *level;* niveau de vie = *standard of living*
ombre (f.) = *shadow*

ouest (m.) = *west*
ouvrier (m.) = *worker*
peuple (m.) = *the people that make a nation; also, the masses*
poids (m.) = *weight*
rôle (m.) = *part*
surmenage (m.) = *state of being overworked*
tableau (m.) = *picture*
taille (f.) = *height*
taux (m.) = *rate*
teint (m.) = *complexion*
viande (m.) = *meat*
yeux (m.p.) = *eyes;* s.: œil

Verbes

⌈**baisser**
⌊baisse (n.f.): diminution
commencé (inf.: commencer = *to begin*) p. passé   □ *com-
mencement*
comptait (inf.: compter = *to count*) imparfait
connu (inf.: connaître = *to know*) p. passé
dépassait (inf.: dépasser = *to exceed*) imparfait
devrait (inf.: devoir: *marks obligation or probability* = *must, should;
here: should*)
conditionnel

⌈**diminuer**
⌊diminution (n.f.)
disparaître = *to disappear*
été (inf.: être) p. passé
grandi (inf.: grandir = *to grow*) p. passé
joué (inf.: jouer = *to play*) p. passé
manger = *to eat*
montrent (inf.: montrer = *to show*) prés. 3ème pers. p.
nourri (inf.: nourrir = *to feed*) p. passé
perdent (inf.: perdre = *to lose*) prés. 3ème pers. p.
pèse (inf.: peser = *to weigh*) prés. 3ème pers. s.
sait (inf.: savoir = *to know*) prés. 3ème pers. s.
savent (inf.: savoir) prés. 3ème pers. p.
serait (inf.: être) conditionnel = *would be*
terminé (inf.: terminer = *to end*) p. passé
tombé (inf.: tomber = *to fall*) p. passé
traduit (inf.: traduire = *to translate*) prés. 3ème pers. s.

Déterminants

notre (adj. poss.) s., *several "owners"* = *our*
quelques (adj. indéf.) = *several, some*

Adjectifs

bleu = *blue*
brouillé = *sallow or blotchy*
brun = *brown*
châtain = *chestnut;* châtain clair = *light brown*
inquiet = *worried*
parfait = *perfect*
pratiqué = *practiced*
séduisant = *attractive* □ *to seduce, seduction*
seul = *only*

Pronom

les (pron. pers.) 3ème pers. p. comp. obj. dir. = *them*

Adverbes

ainsi = *in this way*
bien = *well;* bien terminé = *completely finished*
brusquement = *suddenly*
comment = *how*
déjà = *already*
environ = *about*
où: *here,* au moment où = *when*
parfois = *sometimes*
quasi = *nearly, all but*
tôt = *early*

Prépositions

après = *after*
chez = *at (someone's) home; and by extension: in, among*
dès = *as early as*

pendant = *during*
sous = *under*
sur = *on;* 1 sur 10 = *one in ten*

Locutions et expressions

il y a 100 ans = *100 years ago*
n'est plus que . . . = *is now only . . .*
de plus en plus tôt = *earlier and earlier*

LA CHANSON N'EST PAS UN ART FRIVOLE

1961: Crise dans l'industrie du disque

En 1961, l'industrie du disque passe par une crise sérieuse. Comment remonter la pente?

« Grâce aux jeunes; ils sont plusieurs millions, suggèrent les démographes.

« Et ils ont de l'argent, beaucoup d'argent, ajoutent les publicitaires. Il faut leur vendre une marchandise qui leur plaise. Pourquoi pas du rythme et de la danse, puisqu'ils adorent ça? »

Des idoles: Johnny Hallyday et Françoise Hardy

Quelques-uns de ces chanteurs « rock » ou yéyé ont un succès prodigieux: Johnny Hallyday, Richard Anthony, Sheila, Françoise Hardy et quelques autres, dont les disques se vendent par millions. Les sommes d'argent manipulées dans l'industrie phonographique sont colossales: 70 millions de Francs en 1968 pour la France (360 millions aux U.S.A.). L'affaire est excellente, mais il faut faire mieux...

FRANÇOISE HARDY

JEAN FERRAT

Techniques de séduction

De nouvelles techniques de séduction du public sont engagées: tournois de la vedette inconnue (pourquoi pas toi?), à la radio, à la télévision et sur les podiums des salles de spectacles à Paris et en province, création de journaux de jeunes, « Salut les Copains », « Pop Music », « Actuel », « Rock et Folk », etc. . . . , entièrement consacrés aux idoles du jour, contrats publicitaires avec les secteurs industriels les plus variés: habillement, alimentation, produits de beauté. . .

L'exploitation des jeunes

Avec leur guitare, des centaines de jeunes tentent leur chance. Un très petit nombre a du succès. D'autres, lancés trop rapidement au sommet de la gloire, connaissent souvent des échecs tragiques. Qu'importe! Les affaires sont les affaires! La société industrielle et capitaliste qui exploitait autrefois les jeunes en tant que producteurs, les exploite maintenant en tant que consommateurs.

Chanson-poème et chanson-message

En marge des idoles, quelques chanteurs: Georges Brassens, Léo Ferré, Jacques Brel, Jean Ferrat, Barbara, Catherine Sauvage et d'autres. . . font vivre une tradition de la chanson qui plaît aux étudiants, aux intellectuels: c'est la chanson-poème, intime et tendre, ou la chanson-message, révolutionnaire. Elles n'ont pas la vogue énorme des « tubes » à la mode, mais leur succès grandit.

En janvier 70, Léo Ferré chante à la Mutualité. Quinze mille jeunes, le premier jour, enthousiastes, répètent avec lui le refrain de sa chanson « ni Dieu, ni maître » et « l'anar », Léo Ferré déclare: « mai 1968 est une date plus importante que juillet 1789: nous assistons à une révolte de l'intelligence. »

| Léo Ferré |
| à la Mutualité |
| Prix unique: 10 F |

CENSIER

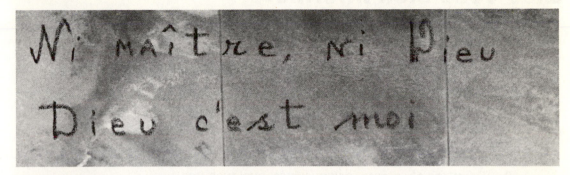

NANTERRE

REPÈRES

Mai 68: Student agitation in two Parisian universities led to street demonstrations around the Sorbonne. The presence of riot police did not pacify the students, who promptly built barricades in the streets of the Latin Quarter. After about a week of riots, the workers' unions began a general strike. For a few weeks the government appeared to lose control, and France was on the brink of chaos. The situation ended with the dissolution of Parliament, a call for elections and the massive triumph of Gaullist candidates. But for three to four weeks the French believed that a new "revolution" was actually happening.

Juillet 89: Marks the beginning of the French Revolution. On July 14, 1789, a group of armed Parisians stormed and captured the Bastille, a fort and prison in the heart of Paris that held political prisoners of the absolute monarchy.

Êtes-vous bien informé?

1. Les jeunes aiment beaucoup:

   a) le rythme
   b) les disques
   c) la danse
   d) l'argent

2. Parmi les chanteurs rock ou yéyés, quelques-uns:

   a) connaissent des échecs
   b) ont un succès immense
   c) ont des guitares
   d) vendent des millions de disques

3. Les techniques publicitaires employées pour la séduction du public sont:

   a) le tournoi de la vedette inconnue
   b) la distribution de cendriers
   c) la diffusion d'une presse spécialisée
   d) des programmes spéciaux à la radio et à la télévision

4. Les étudiants et les intellectuels préfèrent:

   a) les tubes
   b) les disques yéyés
   c) les chansons-poèmes
   d) les chansons qui expriment un message

5. Le rock:

   a) a une vogue plus grande que la chanson-poème
   b) est plus intellectuel que les chansons de Léo Ferré
   c) fait la fortune des producteurs
   d) est une drogue dangereuse

Interprétation

List the different kinds of popular songs in France, and define each type, giving the names of the singers associated with each "genre," as well as what types of people are most likely to appreciate each.

Re-création

Write an article about currently popular singers in the United States. Describe their styles, themes, and the audience who listens to them.

SENS

Noms

« **anar** » (m.): abréviation de « anarchiste »

argent (m.) = *money*

centaine (f.) = *about one hundred*   □ *cent*

chance (f.) = *here: luck;* ≠ *chance*

consommateur (m.) = *consumer*

copain (m.): ami, dans le langage des jeunes; (*for them, "ami" connotes a rather exclusive relationship, while "les copains" are the members of the same crowd, the peer group with whom one likes to do things*).

crise (f.) = *crisis*

échec (m.) = *failure;* ∞ succès

gloire (f.) = *glory*

journal (m.) = *newspaper, usually a daily*

juillet (m.) = *July*

mai (m.) = *May*

marge (f.) = *margin;* en marge = *out of the mainstream*

Mutualité (f.): *large meeting hall, in Paris, used mostly for political or union meetings*

pente (f.) = *slope;* remonter la pente = *to recover one's strength*

province (f.) ≠ Paris. *All of France, with the exception of Paris, is called "la province." People in Paris and in* la province *often have different values and outlooks. Do not confuse with "la Provence," the region of southern France near Aix and Marseille.*

publicitaire (m.): homme dont le métier est la publicité

refrain (m.) = *chorus*

salle (f.) = *room, hall*

salut (m.): salutation (f.); *used also as an informal greeting:* Salut! = *Hello! Hi! instead of the usual "Bonjour!"* = *good day, used all day long when meeting people, even late in the day.*

somme (f.) = *amount, sum*

sommet (m.) = *summit*

tournoi (m.) = *tournament*

"tube" (m.): un disque, ou une chanson, qui a un énorme succès, dans le langage des jeunes.

vedette (f.) = *star. This noun is always in the feminine gender even when applied to men:* ex.: Johnny Halliday est une grande vedette.

Verbes

assister = *to be a witness, to look on;* ≠ *to assist*

font (inf.: faire) 3ème pers. p. prés.

lancer = *to propel, to hurl*

plaise (inf.: plaire = *to please*) 3ème pers. s. subjonctif

plaît (inf.: plaire) 3ème pers. s. indicatif

remonter = *to climb back;* monter = *to go up, to climb*

reprennent (inf.: reprendre; *here, to take up* [*the chorus*] *again*) 3ème pers. p. présent

⎡**suggérer**
⎣suggestion

tenter = *to attempt, to try*

vendent (se) (inf.: se vendre = *to be sold*) 3ème pers. p. prés.
vendre: *to sell*

Déterminant

plusieurs = *several*

Adjectifs

consacré = *devoted*
inconnu = *unknown*
mille: 1000
quinze: 15
petit ∽ grand

Pronoms

leur (pron. pers.) 3ème pers. p. comp. obj. indir. = *them*
lui (pron. pers.) 3ème pers. s. comp. obj. indir. = *him*
toi (pron. pers.) 2ème pers. s. informal. = *you*

Adverbes

autrefois = *formerly*
en tant que = *as*
maintenant = *now*
ne/n' . . . . . **ni** . . . . . **ni** = *neither* . . . . . *nor*
pourquoi = *why*

Préposition

grâce à = *thanks to*

Préfixe

re- *again:* **re**dire, **re**prendre; *back:* **re**monter

SONDAGE

Les amis de la France

Quel est, dans le monde, le pays que vous considérez comme le meilleur ami de la France?

Sur 100 adultes interrogés:

Etats-Unis	27
Canada	11
Belgique	8
Russie	6
Allemagne	5
Grande-Bretagne	5

Les Etats-Unis sont actuellement jugés par les Français comme le meilleur ami de la France dans le monde: 36% des adultes et 40% des jeunes qui répondent, désignent les Etats-Unis comme la nation la plus proche de la France.

En Europe, le meilleur ami de la France est la Belgique.

Tout va bien mieux avec Coca-Cola

*Ce sont des Levi Strauss
et ça se voit*

La Conquête de l'Ouest: aux U.S.A. les cowboys tireurs d'élite portent déjà des LEVI STRAUSS. Aujourd'hui: dans le monde entier, les jeunes visent aussi juste et choisissent LEVI STRAUSS.

Tout peut arriver. Alors, mieux vaut être prudent et avoir des grands mouchoirs.
Les mouchoirs Kleenex For Men peuvent arranger bien des choses : ils sont grands, doux et résistants.

Mouchoirs Kleenex : maintenant, il faut choisir.

Une cigarette fraîche, fraîche, fraîche KOOL, la plus fraîche des américaines mentholées

U.S. MAIL
Ils arrivent, les « Teddy girl »
« Teddy girl »: le mocassin style américain
qui chausse les filles les plus jolies de New-York

Zut. . . un rhume. . . Chic! un Kleenex. C'est si bon de prendre chaque fois un mouchoir propre et doux. Kleenex, mouchoirs en ouate de cellulose.

Hey! Les hommes!
J'arrive droit des U.S.A. Mon nom? Techmatic le rapide, un rasoir révolutionnaire créé par Gillette: pas de lame. Un ruban d'acier en chargeur automatique. Je rase aussi vite, aussi sûrement qu'un rasoir à moteur, d'aussi près qu'un rasoir à lame. Want to try?

J'aime Johnny, je veux son blue-jean.
Jeans Johnny Hallyday
Création exclusive Big Chief
Question style. . . réponse coton
Coton, fibre naturelle

Philip Morris
C'est pour sa race et son goût qu'on l'aime en France

Un nouveau style nous arrive des U.S.A.
Le Sport Jacket
Le nouveau blouson dans le vent. Toutes tailles. Très belle popeline. Nouveauté: son col transformable très « IN » convient à tous et pour toutes les occasions.

C'est la tenue des jeunes
Prix spéciaux SLC
version garçon   *65F*
version fille   *55F*

U.S.A.: une bonne affaire, un voyage « grand confort » à votre portée

Vous trouverez une nourriture excellente et pas chère dans les restaurants, snacks-bars, drugstores, et cafétérias.

Votre hôtel ou motel aura souvent une piscine et un parking gratuits.

Votre chambre vous offrira le plus souvent: air conditionné, radio, télévision, téléphone, et salle de bain.

Votre rêve, nous le connaissons: vous désirez voir le Nouveau Monde, explorer ses grands espaces, sentir vivre ses villes passionnantes. . .

Découvrez-le cette année.

Office du Tourisme
Américain

Mon pays favori

Quel est, de tous les pays que tu as visités, celui que tu préfères?

Les Etats-Unis

« Aux Etats-Unis, je vis déjà en l'an 2000. Je ne pourrai jamais oublier le choc que j'ai eu, un soir, quand, du haut de l'Empire State building, j'ai vu Manhattan s'embraser de tous ses néons. C'était fantastique, j'ai eu l'impression d'être transportée sur une autre planète. Tout ce que j'ai vu aux Etats-Unis m'a étonnée. Je compte y retourner bientôt. »

par Nicoletta (une « idole »)

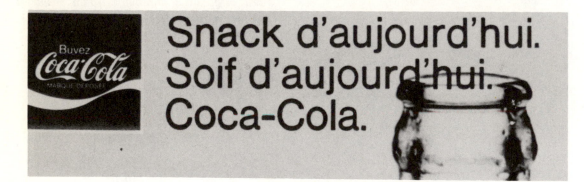

REPÈRE

Blue-jeans: Toward the end of the 19th century, an enterprising Bavarian immigrant, Levi Strauss, brought to the West Coast a very heavy fabric that he sold as tent canvas to the men working on the railroads. Someone soon discovered that trousers made from this

material were nearly indestructible.   This started the vogue of jeans.
The original fabric was imported from Nîmes.   This "toile **de Nîmes**"
became **"denim"** in America.

BIBLIOTHÈQUE SCIENCES PO

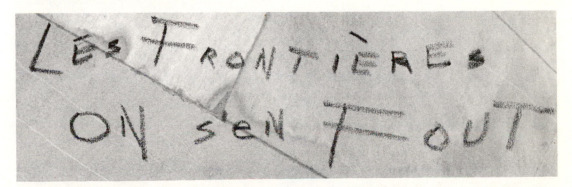

NANTERRE

Êtes-vous bien informé?

1. Un certain nombre de Français désignent l'Allemagne comme la
   meilleure amie de la France, mais:

   a) un plus grand nombre de Français désignent la Russie
   b) un aussi grand nombre désignent la Grande-Bretagne
   c) un moins grand nombre désignent la Belgique
   d) un aussi grand nombre désignent le Canada

2. Quand on a un rhume, il faut prendre:

   a) un blouson en popeline
   b) un mouchoir en cellulose
   c) une américaine mentholée
   d) un coca-cola

3. La publicité de cet article nous offre:

   a) un rasoir propre et doux
   b) des mocassins rapides et dans le vent
   c) des tireurs d'élite
   d) une grande nation amie de la France

4. Les touristes français trouveront aux Etats-Unis:

   a) une très bonne alimentation
   b) de grands espaces à explorer
   c) la réalisation d'un de leurs rêves
   d) des chambres bien équipées

5. Les Etats-Unis sont le pays favori de Nicoletta parce que:

   a) la beauté de New York, le soir, est fantastique
   b) tous les hôtels ont des piscines
   c) la nourriture est bonne et pas chère
   d) les Etats-Unis sont un monde à l'avant-garde du progrès

Interprétation

From the information contained in this article, what are the kinds of American goods most often imported into France?

What conception of the United States do you think a Frenchman might have after reading these advertisements?

Re-création

Write several advertisements for American products, or for a particular idea or concept you want people to believe.

or: Write a text inviting French people to visit a particular region, state, or town in the United States.

SENS

Noms

acier (m.) = *steel*

affaire (f.) = *business deal;* une bonne affaire = *a bargain*

Allemagne (f.) = *Germany*

Américaine (f.): une femme américaine

américaine (f.): une voiture américaine ou une cigarette américaine

Belgique (f.) = *Belgium*

blouson (m.) = *windbreaker*

chargeur (m.) = *loader*

col (m.) = *collar*

fois (f.) = *time*

goût (m.) = *taste*

Grande-Bretagne (f.) = *Great Britain*

haut (m.) = *top*

lame (f.) = *blade*

mocassin (m.) = *loafer*

mouchoir (m.) = *handkerchief*

nom (m.) = *name*

nourriture (f.) = *food*

ouate (f.) = *wadding*

piscine (f.) = *swimming-pool*

popeline (f.) = *poplin*

portée (f.) = *reach;* à votre portée = *within your reach*

race (f.) = *race, pedigree, breeding*

rasoir (m.) = *razor*

rhume (m.) = *cold*

ruban (m.) = *ribbon*

SLC: for "Salut les Copains," *name of a magazine, very popular among the young people*

soir (m.) = *evening*
sondage (m.) = *poll*
taille (f.) = *size*
tenue (f.) = *dress, way of dressing*
tireur (m.) d'élite (f.) = *sharpshooter*
vent (m.) = *wind;* dans le vent = *very much in fashion, up to date, avant-garde*
ville (f.) = *town, city*

Verbes

chausser = *to shoe*
choisissent (inf.: choisir = *to choose*) 3ème pers. p. prés.
                                         ☐ *choice*
considérer = *to regard as*
convient (inf.: convenir = *to fit well*) 3ème pers. s. prés.
découvrez (inf.: découvrir = *to discover*) impératif
désigner = *to point to, to name*
embraser (s') = *to become ablaze*
était (inf.: être) imparfait
étonner = *to surprise, to astonish*
eu (inf.: avoir) p. passé
interroger = *to ask (someone)*   ☐ *interrogation*
porter = *here: to wear*
pourrai (inf.: pouvoir) 1ère pers. s. futur
prendre = *to take*
⎡**raser** = *to shave*
⎣ rasoir (m.)
retourner = *to go back*
sentir = *to feel;* sentir vivre ses villes = *to feel the life, the pulse of its cities*
transporter = *to carry*   ☐ *transportation*
trouverez (inf.: trouver = *to find*) 2ème pers. p. futur
va (inf.: aller = *to go*) 3ème pers. s. prés.
viser = *to aim*
voit (se) (inf.: voir = *to see;* se voir = *to be seen*) ça se voit = *it shows*
vu (inf.: voir) p. passé

Déterminants

chaque = *each*

quel = *which*
votre + [n.s.] = *your*

Adjectifs

cher (f.: chère) = *expensive*
doux = *soft*
favori: préféré
fraîche (m.: frais) = *cool*
gratuit = *free*
nouveau (f.: nouvelle) = *new*
passionnant = *exciting*
propre = *clean*

Pronoms

tu (pron. pers. sujet 2ème pers. s.) *informal* = *you*
y (pron. pers.) *takes the place of a noun complement which does not represent a person and follows the preposition* à, *or represents a place where one is or one goes:* j'espère retourner **aux Etats-Unis** = j'espère **y** retourner.

Adverbes

actuellement: en ce moment, maintenant; ≠ *actually*
bien mieux = *much better*
bientôt = *soon*
droit = *straight*
jamais ∞ toujours; ne ... jamais = *never*
juste: *here:* viser juste = *to take very good aim*
près (de) = *closely*
si = *so*
sûrement = *certainly*
vite: rapidement

Conjonction

comme = *as*

Interjections

chic!: *expresses joyous surprise*
zut!: *expresses disappointment, annoyance*

MOI ET LES AUTRES

L'intuition féminine existe-t-elle?

Plus musclées que les hommes? Rarement.

Plus intelligentes? Quelquefois.

Plus intuitives? Là, pas de problème: l'intuition, c'est bien connu, est une qualité propre à la femme. Les hommes même le reconnaissent: « elles ne sont peut-être pas aussi intelligentes que nous, mais il faut bien dire que pour l'intuition. . . »

L'empathie, notion sociologique nouvelle

L'empathie démontre que cette fameuse intuition féminine n'est pas la propriété exclusive de la femme, au contraire, l'empathie est l'aptitude à se mettre à la place d'autrui. Quand vous êtes en face d'un interlocuteur et que vous vous demandez: « à sa place, que ferais-je? », vous « empathisez ». Si vous vous dîtes: « que pense-t-il de moi? » vous « auto-empathisez ».

L'intuition est une faculté plus masculine que féminine

Deux chercheurs du CNRS l'ont prouvé par l'expérience suivante: on place un sujet devant un groupe d'interlocuteurs et on lui demande d'indiquer lesquels de ces interlocuteurs l'acceptent ou le rejettent. C'est-à-dire, schématiquement, ceux auxquels il est sympathique, indifférent ou antipathique. L'expérience faite dans de nombreux établissements scolaires ou publics a montré que les hommes discernent mieux que les femmes qui les accepte, les néglige ou les rejette. Leur jugement a donc été plus perspicace et intuitif.

Qui est donc responsable du mythe de l'intuition féminine? Les femmes: leur prétention à l'intuition est un mécanisme de défense, une révolte et une compensation à leur situation sociale encore inférieure.

Les hommes: ils trouvent là un moyen pratique d'affirmer la supériorité de leur intelligence en ménageant la susceptibilité des femmes. « Nous sommes plus intelligents qu'elles, disent-ils, c'est vrai, mais elles sont plus intuitives que nous.»

Les hommes sont plus secrets que les femmes

D'autres « vérités » se révèlent fragiles: ainsi, la prétendue impénétrabilité de la femme, le soi-disant mystère féminin ne sont que des mythes. Un garçon à qui on demande de déterminer dans un groupe de filles lesquelles l'acceptent, le négligent, le rejettent, répond avec beaucoup plus de justesse qu'une fille dans la situation inverse, rien qu'en observant leur comportement pendant une brève conversation. Ce ne sont donc pas les femmes qui sont plus secrètes que les hommes, mais le contraire.

La grande peur de ne pas être assez aimé

Hommes et femmes se croient mal aimés. Lorsqu'on pose à un groupe de sujets face à un autre sujet qui les juge, la question: « Croyez-vous que celui ou celle qui vous observe vous accepte, vous néglige ou vous exclut? » c'est le plus souvent la troisième hypothèse qui est choisie. Les êtres humains se croient rejetés par leurs semblables.

Ce pessimisme n'est pas justifié

En réalité, lorsqu'un inconnu analyse les sentiments que vous lui inspirez « au premier abord », il vous « acceptera », vous « négligera » ou vous « exclura » dans une proportion égale.

Je me mets à votre place

Cette formule de politesse recouvre peut-être un espoir impossible. Moi, à votre place? Par quelle métamorphose? Moi, cesser d'être moi pour être vous sans cesser d'être moi ni que vous cessiez d'être vous? L'enjeu est de taille: on se connaît ou non? On peut se connaître, ou non? On est seul, ou non?

ODÉON

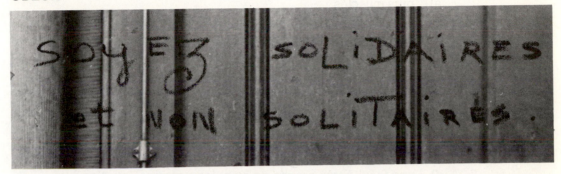

CENSIER

REPÈRE

CNRS: Centre National de la Recherche Scientifique. A national center under the authority of the Minister of National Education. Its goals are to develop, orient and coordinate scientific research in all disciplines. It combines the functions of the National Science Foundation and the National Endowment for Humanities in the U.S. The CNRS supports about 12,000 scholars and scientists working in 50 different institutions. It is administered by a director, two associate directors, and an executive committee. Its policy guidelines are given by the National Committee on Scientific Research.

Êtes-vous bien informé?

1. Dans cet article, on dit que, comparés aux femmes, les hommes sont:

   a) plus musclés

   b) plus secrets

   c) aussi intuitifs

   d) moins intelligents

2. L'empathie, c'est:

   a) la faculté de se mettre à la place d'autrui

   b) une qualité plus féminine que masculine

   c) la faculté d'être sympathique à tout le monde

   d) une faculté très proche de ce qu'on nomme « intuition »

3. En étudiant l'existence du mythe de l'intuition féminine on découvre les réalités suivantes:

   a) la femme se voit en situation d'infériorité en face de l'homme

   b) la femme veut avoir une valeur plus grande dans la société

   c) l'homme se croit plus intelligent que la femme

   d) l'homme juge l'intelligence supérieure à l'intuition

4. Les « vérités » suivantes, acceptées par beaucoup, sont en réalité des mythes:

   a) la femme est un être secret, mystérieux

   b) les hommes sont moins impénétrables que les femmes

   c) nous sommes généralement rejetés par nos semblables

   d) les hommes sont intelligents

5. Lorsque l'un de nous (Y) se trouve en face d'un inconnu (X) il arrive ceci:

   a) X rejette Y plus souvent qu'il le néglige

   b) X accepte Y moins souvent qu'il le néglige

   c) X néglige Y plus souvent qu'il le rejette ou l'accepte

   d) X accepte Y aussi souvent qu'il le rejette ou le néglige

Interprétation

According to this article, what are the mythical and real psychological characteristics of man and woman?

Re-création

Conduct an inquiry on empathy among your friends, much as is done in this article, and give an account of the results.

or: Describe a situation where you have discovered that the people around you had different feelings about you from those you imagined.

SENS

Noms

abord (m.): au premier abord = au premier contact
chercheur (m.) un homme qui fait de la recherche *(research)*
CNRS: Centre National de la Recherche Scientifique
comportement (m.) = *behaviour*
contraire (m.) = *opposite;* au contraire = *to the contrary*
enjeu (m.): *the prize to be won or lost in a game; stake*
établissement (m.) **scolaire** = *school of any level*
être (m.) = *being*
expérience (f.) = *experiment*
formule (f.) = *formula;* formule de politesse = *ready-made set of polite words;* je me mets à votre place = *I put myself in your shoes.*
impénétrabilité (f.) = *inscrutability*
justesse (f.): exactitude (f.)
peur (f.) = *fear*
politesse (f.) = *politeness; also:* étiquette, *rules of good manners*
semblable (m.) = *fellow man (literally: alike-one)*
sujet (m.) = *subject*
vérité (f.) : vrai (adj.)   ::   beauté : beau

Verbes

affirmer $=$ *to state positively*

auto-emphatiser: empathiser $=$ *to empathize, to be able to feel, as one's own, another person's emotion;* auto-: *this prefix indicates an action reversed onto the subject:* ex.: *autobiographie, a book where one's own life is related;* auto-empathiser: *to see oneself as another person would, while trying to sense one's own emotions as felt from without.*

cesser $=$ *to cease;* vous cessiez: subjonctif

choisi (inf.: choisir $=$ *to choose*) p. passé

demander (se) $=$ *to ask oneself, to wonder*

⎡**démontrer**
⎣démonstration (f.)

disent (inf.: dire $=$ *to say*) 3ème pers. p.

dîtes (inf.: dire) 2ème pers. p.

faite (inf.: faire) p. passé f. (m.: fait)

ferais (inf.: faire) conditionnel; je ferais $=$ *I would do;* que ferais-je? $=$ *what would I do?*

ménager $=$ *to spare*

mets (je me) (inf.: se mettre $=$ *to put oneself*) présent

négliger $=$ *to neglect, to ignore*

poser une question $=$ *to ask a question*

reconnaissent (inf.: reconnaître $=$ *to recognize*) présent

recouvre (inf.: recouvrir $=$ *to cover completely*) 3ème pers. s.

rejetter $=$ *to reject*

sommes (inf.: être) 1ère pers. p. présent

Adjectifs

brève (m.: bref) ☐ *brief*

égal $=$ *equal*

inverse $=$ *reverse*

même ($+$n.) $=$ *same*

nombreux $=$ *numerous*

perspicace $=$ *penetrating*

propre à $=$ *which characterizes*

scolaire $=$ *pertaining to school*

seul = *alone*
soi-disant = *so-called*
suivant = *following*
sympathique = *attractive and kind*
troisième = *third*
vrai = *true*

Pronoms

autrui = *the other person*
auxquels = *to which*
ceux = *those*
lesquels = *which ones*

Adverbes

assez = *enough*
bien *after a verb has the connotation of a less enthusiastic action, sometimes used condescendingly:*

j'aime bien < j'aime
I like — *I love*

je veux bien < je veux
I consent — *I want*

il faut bien < il faut
one should — *one must*

là = *there*
mal ∞ bien (*well*)
même *(after the noun)* = *even*
quelquefois = *sometimes*
schématiquement = *cursorily*

Prépositions

devant = *before*
en face de = *face to face with*

Conjonctions

donc = *therefore, consequently*
lorsque = *quand*

Locutions et expressions

être de taille = *to be of great importance*
rien que = *only*
-t- in "existe-t-il?" *has no meaning; it is a sound added to aid in the pronunciation of this type of interrogative construction as a transition between a verb form ending in a vowel from the -er group and the third person singular pronoun, by analogy with the liaison heard in the plural:* existent-ils? *and with the third person singular of verbs from other categories:* dit-il? *This -t- is also added after "va" and "a":*

va-t-elle à Paris?
a-t-il une guitare?

LES FRANÇAIS CHEZ EUX

Où habitent les Français en 1970?

7 Français sur 10 habitent les villes contre 4 sur 10 en 1900. Dans 30 ans il y aura 14.000.000 d'habitants dans la région parisienne. Tous les jours on détruit des taudis, on restaure, on construit. Les Français préfèrent la maison individuelle, en pierre de taille, d'un style conservateur. Beaucoup se résignent à habiter dans des immeubles-tours ou dans des grands ensembles, mais chacun rêve de troquer son trois-pièces en cité-dortoir contre un petit pavillon de banlieue avec son potager.

Des victimes: les jeunes ménages

Lui a moins de trente ans, ils sont mariés depuis moins de 10 ans, ils ont un, deux enfants. Comment se logent-ils?

Ils louent dans du neuf et payent des loyers élevés pour leurs revenus: 60,8%.

Ils achètent un appartement neuf, en empruntant.

Ils vivent à l'étroit dans des appartements trop petits en sous-louant, ou à l'hôtel ou chez leurs parents.

Les cadres moyens préfèrent les immeubles neufs

Lui a 40 ans, est marié et père de deux enfants. Il est cadre administratif, technicien, enseignant.

Ils habitent en général un appartement et de plus en plus souvent dans du neuf.

Ils sont propriétaires de leur logement dans 34,8% des cas.

Ils vivent plus souvent dans des immeubles collectifs (61,6%) que dans des maisons individuelles (38,4%).

Ils sont en majorité logés à l'aise; 11,1% d'entre eux ont une résidence secondaire.

Deux appartements, deux époques, deux manières de vivre

Il y a cent ans. . .

L'appartement de M. Jacques C., haut-fonctionnaire, est situé avenue Victor Hugo tout près de l'Etoile. Il est au 5ème étage d'un immeuble bâti à la fin du XIXème siècle. Le plan de l'appartement répond aux besoins qui étaient ceux d'un fonctionnaire ou d'un riche commerçant à cette époque:

Les pièces d'apparat: la vaste salle à manger, le petit salon où la famille se tient après les repas, et le grand salon, avec le piano à queue de rigueur, donnent sur la rue. Le mobilier est Louis XV et Louis XVI; aux murs de nombreux tableaux, sur les guéridons des bibelots, aux fenêtres de lourds rideaux.

Une antichambre sert d'entrée et sépare la partie privée de l'appartement: 4 chambres minuscules avec chacune son armoire et sa commode, cabinet de toilette, W.C. et tout au fond du long couloir, la cuisine. Toutes ces pièces donnent sur une cour étroite et sombre. La chambre de bonne est sous les toits.

De nombreux appartements parisiens sont encore disposés sur ce modèle.

Aujourd'hui. . .

M. Jean B., professeur à la Faculté de Lettres a acheté un appartement en banlieue, à Courbevoie, dans une énorme tour de construction récente.

Le couloir n'existe plus. Une seule grande pièce: le « living » ou salle de séjour combine salle à manger et salon. On y vit et on y reçoit. Mobilier « scandinave ». La cuisine est tout à côté et très bien équipée: cuisinière à gaz, réfrigérateur, machine à laver, séchoir à linge, aspirateur, vide-ordure.

Dans la salle de bain ou salle d'eau, le sanitaire comprend baignoire, douche, lavabo et bidet. Les W.C. sont séparés.

Les 2 chambres sont claires: peu de meubles, mais des placards de rangement partout. Dans toutes les pièces, de grandes fenêtres. La chambre de maître ouvre sur un balcon, le living sur une loggia. Panorama splendide sur Paris. Au sous-sol de l'immeuble, un grand garage collectif. Pas de chambre de bonnes.

Petites Annonces

Appartements

Achats

Couple américain ch appt 4–5 pc

Hôtesse Air ach. stud. ou 2 pc tt cft

URGENT. Jeune couple architectes se fixant Paris ch. 3–4 Pces

Ingénieur rech. 2 pces cuis, w.-c., dch. Paris, Bon quartier

Ventes

Ile Saint-Louis Magnif. studio décoré, ent. Loggia, cuis. amén. sal. bs., placards

Quartier Latin Studio décoré, ent., cuis., w.c. s. eau 58.000

St. Germain-des-Prés idéal pour jeune couple 2 pces, entrée, cuis., w.c. dche, tel. vue except. 105.000

Pont Marie, imm. 17ème siècle restaur. beau 2 pces, cuis., w.c., s.bs., ensol 102.000F

Locations

Demandes Meublés

Diplomate ch 4–5 p. meublées bon quartier

Couple étranger rech. luxueux 5–6 pces Paris, Neuilly, Boulogne

Offres non-meublés

Champs-Elysées, tr. beau 3 pces cuis., bs, tel, 2ème étage 1.200 F

16e V.-Hugo nf lux 3–4 pces, cuis. bs, tel., balc., 1.750F

Montparnasse, stud. gd cft, loggia, parking. 650F

15e E.-Zola 2 p. c. Bains, balc. 8ème étg. 650F

Meublés

Bd. St. Germain gde ch. cuis, dch. asc. 180

CENSIER

REPÈRES

Pavillon—banlieue—potager: The traditional dream of the Parisian ''petit-bourgeois'' has been to own a small house (pavillon) in the suburbs (banlieue) with enough property for a small vegetable garden (potager). These ''pavillons'' are ugly and uncomfortable; the vegetable gardens, enclosed by walls or iron railing, are tiny and rather unproductive. Yet they are a symbol of French middle-class individualism.

Les quartiers de Paris: In Paris, as in other towns, each ''quartier'' and ''banlieue'' has its own personality. The best neighborhoods are found in the west: addresses in Passy, the 16ème and parts of the 15ème arrondissement, in l'Etoile, Boulogne, Neuilly, evoke affluence, elegance, and the power and prestige of the upper class. Intellectual and artistic elites are more attracted to the old houses of the Quartier Latin, St. Germain-des-Prés, and Montparnasse, close to the Sorbonne and other schools of higher learning. Famous and rich movie stars, writers, actors and politicians have settled in beautiful restored 17th-century houses near Notre-Dame and on the Ile St. Louis. Sacré-Coeur and Montmartre have a mixed reputation, with their studios for artists close to the cabarets and ''boîtes de nuit.'' The working class lives mostly in the east and in the suburbs. Some suburbs, however, which used to be associated with low-income families, like Courbevoie, are now changing in character with the building of new, very modern and impressive high-rise complexes.

Êtes-vous bien informé?

1. Les Français d'aujourd'hui:

    a) habitent en majorité dans les villes
    b) préfèrent vivre en appartement
    c) aiment surtout le style conservateur
    d) rêvent en général d'avoir un potager

2. Les jeunes ménages sont des victimes parce que:

    a) ils sont obligés de payer des loyers trop élevés pour eux
    b) quelques-uns vivent avec leurs parents, à l'étroit

    c)   d'autres vivent dans une chambre d'hôtel

    d)   ils ont un ou deux enfants

3.   Dans l'appartement de M. Jacques C.:

    a)   les pièces d'apparat sont importantes et nombreuses

    b)   les chambres sont claires et vastes

    c)   le mobilier a un style conservateur

    d)   il y a des placards partout

4.   Dans l'appartement de M. Jean B.:

    a)   il n'y a pas de salon séparé

    b)   il y a plus de chambres que dans l'appartement de M. Jacques C.

    c)   la chambre de bonne est au sous-sol

    d)   dans la cuisine, il y a une cuisinière électrique

5.   Ils sont logés comme ils le demandaient:

    a)   le couple américain a acheté l'appartement de St. Germain-des-Prés

    b)   l'hôtesse de l'air a acheté le studio du Quartier Latin

    c)   le couple d'architectes a acheté le deux-pièces restauré dans l'immeuble 17ème siècle

    d)   le diplomate a loué l'appartement situé avenue Victor Hugo

Interprétation

Describe precisely the advantages and disadvantages of each of the two apartments as you see them from your personal perspective.

Re-création

Write a personal or business letter to someone in France, asking him to help you find an apartment there. Be very specific and descriptive.

Include with the letter the text of the classified ad you want to have published in a French newspaper.

SENS

Noms

achat (m.) = *buying*

aise (f.) = *ease;* à l'aise = *at ease, comfortable, with room to spare* ∞ à l'étroit

annonces (petites) (f.p.) = *classified ad*

antichambre (f.) = *ante-room, entrance*

apparat (m.) = *pomp;* d'apparat = *for very formal occasions*

armoire (f.) = *cupboard for linen and clothes*

ascenseur (m.) = *elevator*

aspirateur (m.) = *vacuum cleaner*

baignoire (f.) = *bathtub*

banlieue (f.) = *suburbs, but without the connotation of affluence*

besoin (m.) = *need*

bibelot (m.) = *knick-knacks*

bidet (m.) = *washbasin for intimate hygiene*

boulevard (m.) = *always a wide, long street*

cabinet (m.) **de toilette** (f.) = *bathroom*

chambre (f.) = *bedroom;* chambre de maître = *master bedroom*

commerçant (m.) = *merchant*

commode (f.) = *chest of drawers*

couloir (m.) ≈ corridor (m.)

cour (f.) = *courtyard*

cuisine (f.) = *kitchen*

cuisinière (f.) = *kitchen stove*

demande (f.) = *here: wanted*

dortoir (m.) = *dormitory;* cité dortoir = *bedroom city*

douche (f.) = *shower*

enseignant (m:): sa profession est l'enseignement

ensemble (grand) (m.) = *here: high-rise development*

entrée (f.) = *entrance*

époque (f.) = *period* □ *epoch*

étage (m.) = *level, floor;* 1er étage = *2d floor*

étroit (à l') = *in cramped quarters* ∾ à l'aise

Faculté (f.): *part of a university corresponding to "college" as in LS&A college, or "school" in School of Medicine.*

famille (f.) = *family*

fenêtre (f.) = *window*

fonctionnaire (m.) = *civil servant*

fond (m.) = *bottom, deep end;* tout au fond = *to the very end*

guéridon (m.) = *small, round table*

île (f.) = *island*

immeuble (m.) = *building*

ingénieur (m.) = *engineer*

lavabo (m.) = *washbowl*

linge (m.) = *linen*

location (f.) = *the process of renting*

logement (m.) = *dwelling*

loggia (f.) = *interior balcony*

loyer (m.) = *rent*

machine (f.) **à laver** = *washing machine*

manière (f.) = *way* ☐ *manner*

ménage (jeune) (m.) = *young couple*

meuble (m.) = *piece of furniture*

mobilier (m.) = *furniture*

moquette (f.) = *wall-to-wall carpeting*

mur (m.) = *wall*

parent (m.): *if accompanied by a possessive adjective or a complement of noun with* de = *father and mother; if preceded by an indefinite article* = *relatives*

partie (f.) = *part*

pavillon (m.) = *small and usually ugly private house in the suburbs*

père (m.) = *father*

pierre (f.) **de taille** = *buildingstone*

placard (m.) = *closet*

plan (m.) = *blueprint*

⌈**potager** (m.) = *vegetable garden*
⌊ **potage** (m.) = soupe (f.) ☐ *soup*

propriétaire (m.) = *owner* ☐ *property*

quartier (m.) = *neighborhood, borough*

queue (f.) = *tail;* piano à queue = *grand piano*

rangement (m.) = *act of putting things in order*

repas (m.) = *meal*

rideau (m.) = *curtain*

rigueur (f.) = *rigor;* de rigueur = *indispensable, strictly required*

rue (f.) = *street*

salle (f.) **d'eau** (f.) = *bathroom with shower, no bathtub*

salle (f.) **de séjour** (m.)   =   *living room*
salon (m.)   =   *drawing room*
sanitaire (m.)   =   *plumbing and bathroom appliances*
séchoir (m.)   =   *dryer*
séjour (m.)   =   *sojourn;* salle de séjour   =   *living room*
siècle (m.)   =   *century*
sous-sol (m.)   =   *basement*
studio (m.)   =   *one room apartment, the living room is also bedroom*
toît (m.)   =   *roof*
tour (f.)   =   *tower*
trois-pièces (m.)   =   *apartment with three main rooms*
vente (f.)   =   *sale*
vide-ordure (m.)   =   *garbage chute*
vue (f.)   =   *view, sight*
W.C.   =   *for Water-Closet, a small room with only a toilet and some-times a washbowl. Always separate from the bathroom itself in French houses and apartments. Also called "un cabinet."*

Verbes

acheter   =   *to buy*
aménager   =   *here: to provide with appliances*
bâti (inf.: bâtir   =   *to build*) p. passé
comprendre   =   *to understand; here: to include*
construire   =   *to build*
disposer   =   *to lay out*
donner sur   =   *to open on*
emprunter   =   *to borrow*
fixer (se)   =   *to settle down*
habiter   =   *to live in*
⌈**loger** (se)   =   *to live in (a house)*
⌊**logement** (n.m.)
louer   =   *to rent, also, to let*
ouvrir   =   *to open*
recevoir   =   *to receive; without an object*   =   *to hold receptions*
résigner (se)   =   *to have to be content with*
restaurer   =   *to rebuild in the ancient shape*   ☐ *restoration*
servir de   =   *to be used as*
sous-louer   =   *to sublet*
tenir (se)   =   *to stay usually*
troquer   =   *to swap*

Adjectifs

collectif = *communal, used by the community*
conservateur = *conservative*
élevé = *high*
ensoleillé = *sunny;* soleil (m.) = *sun*
étranger = *foreign*
étroit = *narrow*
individuel (f.: -le) = *one for each individual, or, as here, for each family*
lourd = *heavy*
luxueux = *luxurious*
meublé = *furnished*
minuscule = *extremely small, tiny*
moyen = *middle*
neuf = *new; used only for non-animate*
privé = *private, reserved for family life*
ravissant = *ravishing, very pretty*
secondaire = *secondary;* résidence secondaire = *a house used for weekends and vacations*
sombre = *dark*

Adverbe

ne . . . . . plus = *not . . . . . anymore*

Prépositions

contre = *against*
depuis = *since;* ils sont mariés depuis moins de 10 ans = *they have been married for less than 10 years.*
entre = *among*

Locutions et expressions

chez eux = *in their home; at home*
chez moi = *in my home*
tout à côté = *close by*
tout près = *very near*

L'OR QUI MOUSSE

1970. Près de 100 millions de bouteilles de champagne ont été vendues cette année; en 1960 on avait vendu 49.2 millions. Environ 30% de cette production a été exporté, surtout vers l'Angleterre, l'Italie et les Etats-Unis.

180 explosions par minute pendant une année. Un bouchon qui saute, puis un autre. C'est à ce rythme infernal que le champagne a une fois de plus gagné « la guerre des boissons » et ouvert le passage vers l'Euphorie.

Au Waldorf Astoria et rue de Lappe, dans les terres australes et au « Maxim's » de Tokyo, dans les hôpitaux pour réconforter les opérés et dans les mariages pour encourager les époux, oui, partout on a bu « l'or qui mousse ».

En 1965 on avait bu 78.621.036 bouteilles de « brut », « sec » ou « demi-sec ».

En 1968, 86.496.902 ont été englouties.

Pour les 9 premiers mois de 1969: 54.926.317 bouteilles en France et dans le monde dont 4 millions en Grande-Bretagne, 3 millions aux Etats-Unis, 2 millions en Italie, 902 bouteilles au Viet-Nam Nord, 144 à Cuba. . . les troupes de l'Otan en Allemagne ont consommé, à elles seules, 180.000 bouteilles.

Va-t-on manquer de champagne?

La récolte de 69 a été faible; les stocks sont difficiles à reconstituer. La loi limite le vignoble champenois à 18.000 hectares, superficie de Paris, soit 167 communes de la Marne, 63 de l'Aube et 27 de l'Aisne. Le Comité Interprofessionnel du Vin de Champagne, qui groupe 150 grandes maisons et 14.000 vignerons doit prendre ses décisions à la majorité et maintient cette loi.

Quelques opinions

M. Claude Taittinger, directeur d'une maison de champagne prestigieuse:

« Les ventes de champagne montent en flèche. En 7 ans, elles ont plus que doublé. Il faut s'adapter: je suis pour la plantation de plus grandes surfaces. Sinon, le prix du champagne augmentera chaque année d'au moins deux francs par bouteille tant que l'offre de raisins est rigide et la demande croissante. »

Riposte d'un vigneron:

« Une vigne qui vient d'être plantée ne peut donner de raisins avant quatre ans pour fabriquer une bouteille de champagne. L'extension du vignoble ne garantirait pas la qualité qui fait notre renommée. »

Le processus de fabrication

Récolte en septembre-octobre: la cuvée. Soins minutieux. Mise en bouteilles au printemps suivant. On laisse s'opérer deux fermentations. Puis, après, deux à trois ans de soins quotidiens. On renverse les bouteilles: c'est la « mise en pointes ». Ensuite, on expulse le dépôt: « dégorgement » et l'on ajoute une liqueur de vin vieux et de sucre de canne. Chacun, bien sûr, a son secret.

Les 9 commandements de l'amateur et du profane

Le mot « champagne » doit être inscrit sur la collerette, l'étiquette et sur la partie du bouchon qui entre dans le goulot.

Toute étiquette doit porter un numéro qui prouve son inscription sur les registres du Comité Interprofessionnel du Vin de Champagne.

Le champagne doit être gardé dans une cave fraîche à l'abri des courants d'air, de la lumière. Température: 10 à 12° C.

Les bouteilles seront couchées.

Le champagne ne devient pas meilleur en vieillissant. Lorsqu'il est mis sur le marché il est prêt à être consommé.

Ne jamais mettre le champagne dans le « freezer » (c'est un meurtre). Servir entre 8 et 11° C., dans un seau à glace.

Boire le champagne dans des coupes ou des flûtes est une erreur. Les verres tulipes transparents sont seuls convenables.

Une autre erreur: le champagne n'est pas un vin de dessert seulement, c'est aussi un excellent apéritif et il peut accompagner tout un repas.

Anecdotique

Un jéroboam vaut 4 bouteilles, un balthazar 16, un nabuchodonosor 20.

Conseils aux futurs amateurs:

Si vous aimez les vins vieux: choisissez *Bollinger, Heidsieck, Veuve Cliquot, Krug.*

Si vous aimez les vins fruités: choisissez *Laurent-Perrier, Moët et Chandon, Ayala, Piper Heidsieck, Pol Roger.*

Si vous aimez les vins musclés: choisissez *Mumm, Pommery, Perrier Mouet, Taittinger.*

REPÈRES

Rue de Lappe: Street in a low-income section of Paris, near the Bastille, where people come to drink and dance in cheap "bistros." The name of the street smacks of the "Paris-canaille," i.e. the rabble and the riffraff, who prefer to call themselves "apaches."

Maxim's: One of the famous restaurants in Paris where the very rich come to celebrate, to enjoy themselves and to be seen by other very rich, and sometimes famous, people. Its fame goes back to the 1900's. Its present decor is still the original one. Maxim's is a symbol of upperclass luxury.

INSTITUT NATIONAL D'ORIENTATION PROFESSIONNELLE

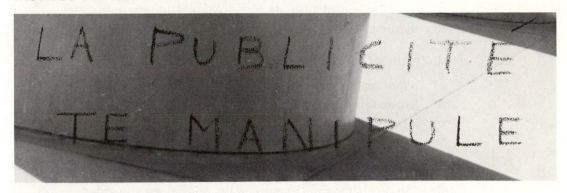

SORBONNE

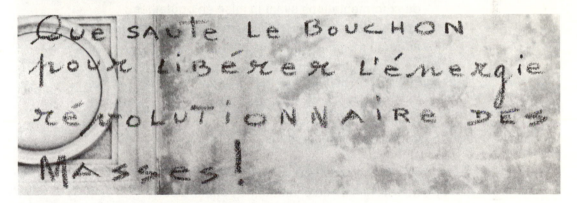

Êtes-vous bien informé?

1. Cet article nous dit que:

   a) on boit du champagne dans les hôpitaux

   b) on a consommé plus de champagne aux Etats-Unis qu'en Angleterre en 1969

   c) les troupes de l'OTAN ont consommé autant de champagne que le Viet-Nam du Nord en 1969

   d) en 1970 plus de 100 millions de bouteilles de champagne ont été vendues

2. On va peut-être manquer de champagne parce que:

   a) la récolte de 69 n'est pas très élevée

b) il n'est pas facile de reconstituer les stocks

c) la superficie plantée de vignobles est limitée par la loi

d) la demande dépasse l'offre

3. C'est M. Taittinger qui déclare dans cet article que:

a) il faut planter de la vigne sur des surfaces nouvelles

b) le champagne se vend de plus en plus

c) il faut quatre ans pour qu'une vigne donne un raisin bon pour faire du champagne

d) quantité n'est pas synonyme de qualité

4. La fabrication du champagne comprend les opérations suivantes:

a) récolte des raisins avant le mois de novembre

b) deux fermentations avant la mise en bouteilles

c) trois ans de soins quotidiens, dont la « mise en pointes »

d) addition d'une liqueur et de sucre de canne

5. Le vrai amateur de champagne:

a) examine avec soin l'étiquette et la collerette de la bouteille qu'il va acheter

b) garde sa bouteille dans un refrigérateur pendant plusieurs mois

c) sert le champagne dans une coupe

d) ne sert jamais de champagne comme apéritif

Interprétation

From grape to table, describe the procedures and the care that go into making a good glass of champagne.

Re-création

Compare the production, care and consumption of champagne and Coca-Cola (or any other "typical" American drink such as root beer, milk, bourbon, or martini).

SENS

Noms

abri (m.) = *shelter;* à l'abri de = *sheltered from*

amateur (m.): celui qui aime, qui apprécie

Angleterre (f.) = *England*

apéritif (m.): *liquor taken before a meal, usually a vermouth, port wine, or sherry*

boisson (f.) = *drink*

bouchon (m.) = *cork*

bouteille (f.) = *bottle*

canne (f.) = *cane;* sucre de canne = *cane sugar*

cave (f.) = *cellar*

Champagne (f.) = *French province famous for its sparkling wines*

collerette (f.) = *collar*

commune (f.) = *township*

conseil (m.) = *advice*

coupe (f.) = *cup, champagne glass*

courant (m.) **d'air** (m.) = *draft*

cuvée (f.) = *a vatful*

dégorgement (m.) = *process of cleansing, refining champagne*

dépôt (m.) = *sediment*

époux (m.) = *spouse*

étiquette (f.) = *label*

fabrication (f.) = *making, processing*

flèche (f.) = *arrow;* monter en flèche = *to rise dramatically*

flûte (f.) = *glass, high and narrow, in the shape of a V*

glace (f.) = *ice*

goulot (m.) = *neck of a bottle*

hectare (m.): mesure de surface = *2.471 acres*

hôpital (m.) = *hospital;* p.: hôpitaux

inscription (f.) = *registration*

liqueur (f.): *alcoholized liquid with a heavy concentration of sugar*

loi (f.) = *law*

lumière (f.) = *light*

marché (m.) = *market*

meurtre (m.) = *murder*

mise (f.) **en bouteilles**: *the process of bottling*

mot (m.) = *word*

numéro (m.) = *number*

opéré (m.) = *someone who has just undergone surgery*

or (m.) = *gold*
OTAN = *NATO*
plantation (f.) = *planting*
pointe (f.) = *small end;* mise en pointes = *the process of stand-*
ing bottles upside down
printemps (m.) = *spring*
processus (m.) = *process*
profane (m.) ∞ spécialiste
raisin (m.) = *grape;* raisin sec = *raisin*
récolte (f.) = *harvest*
registre (m.) = *ledger*
renommée (f.) = *renown*
riposte (f.) = *retort*
seau (m.) = *bucket*
soin (m.) = *care*
sucre (m.) = *sugar*
superficie (f.) = *surface*
terres (f.p.) = *territories*
troupe (f.) = *troop*
verre (m.) = *glass*
vigne (f.) = *vine*
vigneron (m.) = *winegrower*
vignoble (m.) = *vineyard*
vin (m.) = *wine*

Verbes

accompagner = *to accompany*
bu (inf.: boire = *to drink*) p. passé
consommer = *to consume*
coucher = *to lay down*
doit (inf.: devoir = *must, ought to*) 3ème pers. s. présent
donner = *to give*
engloutir = *to engulf, to swallow up*
⌈**expulser**
⌊expulsion (n.f.)
gagner = *to win*
garder = *to keep*
inscrit (inf.: inscrire = *to inscribe, to write*) p. passé
laisser = *to let*
maintenir = *to maintain*
manquer de = *to lack*
mis (inf.: mettre = *to put*) p. passé

monter en flèche = *to rise dramatically*
mousser = *to foam*
ouvert (inf.: ouvrir = *to open*) p. passé
planter = *to plant*
porter = *to carry*
réconforter = *to comfort*
reconstituer = *to restore*
renverser = *to turn upside down*
sauter = *to leap, also to blow up*
seront (inf.: être) 3ème pers. p. futur
vaut (inf.: valoir = *to cost, to have a value of*) 3ème pers. s.
vendu (inf.: vendre = *to sell*) p. passé
venir de = *to have just (done something); also, to come from*
vieillir = *to age*

Adjectifs

austral = *in the southern hemisphere*
brut = *very dry*
champenois: Champagne :: français: France
convenable = *proper*
croissant = *growing*
faible = *weak*
fruité = *fruity*
minutieux = *meticulous*
prêt = *ready*
quotidien = *daily*
sec = *dry;* demi-sec = *half-dry*
sûr = certain, *sure;* bien sûr (loc. adv.) = *of course*
vieux ∞ jeune; vin vieux = *aged wine*

Pronom

dont (pr. relatif) = *of which; here, including*

Adverbes

au moins = *at least*
ensuite = *then*
puis = *then*
tant que = *as long as*

Prépositions

avant = *before*
vers = *toward*

Conjonctions

sinon = *otherwise*
soit = *that is*

Locutions et expressions

bien sûr = *of course*
ne jamais = *never*
M.: Monsieur (abréviation) = *Sir, Mr.*
une fois de plus = *once more*

TU ET VOUS

Les couples qui se disent « vous » s'aiment autrement

En famille, en général, on se dit « tu ». Il y a des exceptions: dans certaines familles de la haute-bourgeoisie ou de l'aristocratie, les enfants disent « vous » à leurs parents et, parfois, mais plus rarement, les parents disent aussi « vous » à leurs enfants.

En dehors de la famille, il n'y a pas de règles, mais des usages beaucoup plus subtils. Entre camarades d'école on se dit « tu », entre collègues aussi, mais pas toujours, cela dépend des métiers et des milieux. Les hommes se disent plus facilement « tu » que les femmes,—ils sont tous passés par le régiment où le « tu » est de rigueur. . . à grade égal.

Et les couples? se disent-ils « tu » ou « vous »? Viviane, 35 ans et son mari Claude, 38 ans se vouvoient depuis toujours:

« Je ne sais pas pourquoi: mes parents se tutoyaient, les parents de Claude aussi. Nous nous sommes connus dans une bande de copains où tout le monde se tutoyait. Nous nous sommes dit « vous » l'un à l'autre dès le début, et nous avons continué pendant nos fiançailles clandestines. Nous n'avons jamais pu passer au « tu ». . . du moins en public. Nous nous tutoyons dans les moments très intimes, et ces passages du « vous » au « tu » ont quelque chose de très troublant. . . ce trouble, rare, j'y tiens. . . »

Maria, 20 ans, étudiante en sociologie: « Moi? dire « vous » à mon mari, ah non, alors! . . . Mes parents se disent « vous » et même ils vont plus loin; lorsqu'ils se disputent ils s'appellent « Monsieur » et « Madame ». . . c'est complètement grotesque. Je dirai « tu » à mon mari, parce que mon mari sera aussi mon copain. Je ne dis pas « vous » à mes copains. D'ailleurs à part mes parents, personne ne se dit plus vous. . . »

Erreur. Passy et Auteuil se vouvoient, aujourd'hui comme hier, dans la proportion de 12%; la Muette: 18%; l'Etoile, Monceau et le boulevard St Germain: 11%. Dans les quartiers populaires, à Ménilmontant, par exemple, on ne se vouvoie plus dans un couple, alors qu'on le faisait encore en public, dans le commerce, il y a 30 ans.

Quels sont les couples vouvoyeurs en 1971?

Dans l'ordre et traditionnellement: la diplomatie, l'armée, la magistrature, l'industrie, le haut-fonctionnariat et la politique. Là, les jeunes suivent fidèlement le code des anciens sauf dans le milieu des parlementaires.

Parmi les présidents de la République française depuis la fin de la guerre: le président Coty disait « vous » en public à sa femme et revenait à « tu » en privé; Vincent Auriol tutoyait rarement. Le général de Gaulle n'a jamais tutoyé sa femme,

mais Georges Pompidou disait « tu » à la sienne en public comme en privé.

Et la génération qui vient?

Sur 100 adolescentes de 17 à 20 ans, 5 ont depuis longtemps décidé de dire « vous » à leur mari. Pourquoi?

« Parce que le « tu » fait partie de la vie intime. »

« Parce que c'est plus romantique. »

« Parce que c'est la règle du jeu de notre milieu. »

« Par pudeur. . . »

Les partisans du « tu » protestent:

« Snobisme dépassé: ce « vous » est terriblement bourgeois et vieux-jeu. »

« Le « vous » est impersonnel, froid. »

On ne dit pas « je vous aime », mais « je t'aime ».

L'opinion des sociologues et des psychologues

Dans notre société, la tendance va vers le « tu » généralisé. Les couples qui gardent le « vous » cherchent à se distinguer. Les époux vouvoyeurs veulent se mettre « à part »; le plus souvent ils font ce choix par fidélité à une tradition, à leur ambition sociale, ou à leur pudeur.

Les conseillers conjugaux remarquent que les couples vouvoyeurs ont moins de problèmes intimes que les couples tutoyeurs. Cela ne veut pas dire que l'harmonie règne davantage chez les couples vouvoyeurs. . . mais, plus réservés, moins expansifs, ils ne consultent pas les conseillers pour leurs problèmes conjugaux.

ODÉON

REPÈRES

Passy—Auteuil—La Muette—l'Étoile—Monceau—Bd. St. Germain: Rich and aristocratic sections of Paris. The "boulevard St. Germain" area was in the early 19th century the residence of what was left of the high aristocracy.

Ménilmontant: low-income section on the fringe of the northern suburbs.

Monsieur, Madame: It is considered impolite to add the name of the person you are addressing after the titles Monsieur, Madame or Mademoiselle. When talking to Madame Pompidou for example, you would say: "Madame, j'aimerais vous poser une question," while in English the same sentence would be: "Mrs. Pompidou, I would like to ask you a question."

Présidents de la République:

Vincent Auriol: First president of the 4th Republic, from 1947 to 1954. A rotund and jovial man coming from the southern part of France.

René Coty: Last president of the 4th Republic, from 1954 to 1958. He came from Normandy and was a rather reserved, formal person.

Général de Gaulle: Founder and first president of the 5th Republic (1958 to 1969). He came from a very traditionalist family and was a symbol of old values and behavior. He died in 1971.

Georges Pompidou: President of the 5th Republic who succeeded de Gaulle and served from 1969 until his death in 1974. A French version of the self-made man, coming from a modest background, he succeeded because of his brilliant mind. He was a symbol of the intellectual elite.

Êtes-vous bien informé?

1. En général, ils disent « vous »:
   a) les enfants de l'aristocratie, quand ils parlent à leurs parents
   b) les camarades d'école, entre eux
   c) M. Pompidou, à sa femme, en public
   d) les parents de Maria

2. Viviane et Claude se vouvoient:
   a) parce que leurs parents se vouvoyaient
   b) parce que dans la bande de copains où ils se sont connus, tout le monde se tutoyait, et ils se voulaient différents des autres
   c) parce qu'ils préfèrent garder le « tu » pour les moments intimes
   d) parce qu'ils habitent à Passy

3. Maria dira « tu » à son mari parce que:
   a) ses parents se vouvoyaient mais se disputaient tout le temps
   b) elle dit « tu » à ses copains, et son mari sera aussi un copain
   c) tout le monde dit « tu » aujourd'hui
   d) « je t'aime » est plus facile à dire que « je vous aime »

4. Les milieux où l'on se vouvoie encore le plus sont:
   a) la petite-bourgeoisie
   b) le commerce
   c) la diplomatie
   d) l'armée

5. 5% d'adolescentes ont décidé de dire « vous » à leur futur mari parce que:
   a) elles tiennent à leur tradition familiale et de milieu
   b) elles pensent que le « vous » est plus romantique
   c) elles veulent garder le « tu » pour la vie intime exclusivement
   d) elles pensent que le « tu » généralisé est vulgaire

Interprétation

Imagine you are French, living in France. Analyze the different psychological and social circumstances of your life, and decide if you would use "tu" or "vous" when addressing:

> your parents
> your (imaginary or real) spouse

Use as many of the cited examples as you can.

or: If you prefer not to write about yourself, select a character from French fiction, or create a character yourself.

Re-création

In order to guide a Frenchman who has just arrived in the United States, write an article about the use of first names and nicknames in this country. Use your family and friends as a point of departure.

SENS

Noms

bande (f.)   =   *a crowd, a gang*
camarade (m.)   =   *a pal*
choix (m.)   =   *choice*
chose (f.)   =   *thing;* quelque chose   =   *something*
collègue (m.)   =   *colleague*
conseiller (m.)   =   *counselor*
début (m.)   =   *beginning, start*
école (f.)   =   *school*
femme (f.)   =   *wife; also: woman*
fiançailles (f.p.)   =   *engagement*
fonctionnariat (m.): la profession des fonctionnaires
grade (m.)   =   *rank*

Madame: *formal form of address, and also title preceding the family name of a married woman*

magistrature (f.) $=$ *the bench: judges and prosecutors*

mari (m.) $=$ *husband*

milieu (m.) $=$ *social class*

Monsieur: *formal form of address and also title preceding the family name of a man*

parlementaire (m.): *member of parliament*

partisan (m.) $=$ *advocate*

pudeur (f.) $=$ *both modesty and reserve*

régiment (m.): *a unit in the army, used here to mean military service*

règle (f.) $=$ *rule*

Verbes

appeler $=$ *to call;* s'appeler $=$ *to call one another or to call one- self, also, to be called*

dire (se) $=$ *to say to one another*

disputer (se) $=$ *to fight, with words only*

distinguer (se) $=$ *to distinguish oneself from others*

faisait (inf.: faire) imparfait

pu (inf.: pouvoir) p. passé

régner $=$ *to reign*

revenir $=$ *to come back*

tenir $=$ *to hold;* j'y tiens $=$ *I hold it dear*

tutoyer (se): se dire « tu »

vient (inf.: venir $=$ *to come*) 3ème pers. s. présent

vouloir dire: signifier

vouvoyer (se): se dire « vous »

Déterminant

nos (adj. poss.) $=$ *our* (+ n.p.)

Adjectifs

certain $=$ *some particular*

clandestin $=$ *hidden, secret*

conjugal $=$ *that pertains to marriage*

dépassé $=$ *obsolete*

expansif = *communicative, extroverted;* ∽ réservé
froid = *cold*
grotesque: ridicule = *ridiculous*
populaire = *belonging to the working class*
réservé = *reserved;* ∽ expansif
troublant = *disturbing; here, arousing*
vieux-jeu = *old-fashioned*
vouvoyeur: qui dit « vous »

Pronoms

personne = *nobody;* personne ne le dit plus = *nobody says that anymore*
sienne (la) = *his, hers; replaces a n.f.s.; here, replaces* "sa femme"

Adverbes

ailleurs (d') = *moreover*
autrement = *in a different way*
dehors (en) **de** = *outside*
facilement = *easily*
hier = *yesterday*
loin = *far*
moins (du) = *at least*
part (à) = *except; also: apart*

Préposition

sauf: excepté

Conjonction

alors que = *while; marks a contrast between two actions that happen at the same time*

Locution et expression

ah non, alors!: *marks strong opposition*

LE RUGBY

Une religion sauvage dont le dieu se nomme Ovale

Samedi dernier, dans le deuxième match du Tournoi des Cinq Nations, la France a battu l'Irlande par 8 à 0. Une fois de plus, 40.000 spectateurs, au stade de Colombes, et 15 millions d'autres, devant leur poste de télévision, ont vécu les transes et les extases que dispense la religion sauvage du rugby.

Quatre végétaux et un animal

Créé en 1910, le Tournoi des Cinq Nations est la plus prestigieuse des confrontations rugbystiques d'Europe. Elle oppose chaque hiver quatre végétaux et un animal:
la rose est l'emblème de l'équipe anglaise
le trèfle celui des Irlandais
le chardon celui des Ecossais
le poireau celui des Gallois
le coq est l'ornement du XV de France

Un peu d'histoire

C'est en 1823 que William Webb Ellis, élève au collège de Rugby en Angleterre, s'est permis de porter le ballon dans ses mains derrière les buts adverses alors qu'il était seulement permis de le frapper. Il créa ainsi le rugby moderne. Le rugby a été d'abord un jeu lent, hésitant, avec de longs temps morts et des mêlées interminables; c'était le rugby à vingt, avec quinze avants.

En 1875 il devint le rugby à quinze et évolua vers la vitesse; les avants sont dix,

puis huit. 1885 voit l'apparition de l'arbitre et de son sifflet. A cette époque, l'équipe d'Oxford généralise l'usage de la passe et le rugby devient un jeu souple, libre et mobile.

En 1887 se forment les deux premiers clubs français: le Racing et le Stade Français. Mais c'est dans le Sud-Ouest de la France que ce sport est aujourd'hui le plus populaire. Toutes les petites villes et villages ont leur équipe et tout le monde connait le nom des champions: Walter

Spanghero de Narbonne, les frères Canberraberro, Gachassin, Jean Prat. Des villes minuscules, difficiles à trouver sur les cartes, sont renommées dans toute la France grâce aux victoires de leurs équipes de rugby: Mont-de-Marsan, Graulhet, La Voulte etc. . .

Les temples du dieu ovale

Pour les fervents, le rugby est tout autre chose qu'un sport: c'est une religion dont le dieu se nomme Ovale. Il a ses fidèles, ses fervents et ses sanctuaires:

L'Aims Park de Cardiff (Pays de Galles); Murrayfield et Twickenham en Ecosse, Auckland patrie des All Blacks et Springs en Afrique du Sud avec les Springboks, Colombes à Paris et depuis quelques années le stade « 23 août » de Bucarest, en Roumanie. Et à Mont-de-Marsan il y a même une chapelle consacrée à Notre-Dame du Rugby.

Chaque nation a son style

« Chaque nation a son style » dit Walter Spanghero. Les Gallois se distinguent par un extraordinaire tempérament de gagneurs. Les Ecossais ont de formidables moyens physiques mais manquent de vivacité. Les Irlandais, redoutables par leur fureur sacrée, perdent leurs moyens quand ils ne sont pas chez eux. Les Roumains ont un entraînement parfait et une grande virilité mais ils manquent d'audace tandis que les Français ont trop d'audace. Les Springboks, avec leur classicisme, et, par dessus tout, les All Blacks sont les meilleurs.

Le joueur de rugby n'est pas un géant

Les profanes croient que le joueur de rugby doit être un géant, un poids lourd. C'est vrai pour les piliers et les 2ème ligne, faux pour les autres. Les demis, eux, sont acrobatiques, malins; les trois-quarts, rapides, habiles; l'arrière, bon botteur; le 3ème ligne-centre a un rôle ambigu: il doit être à la fois assez lourd, rapide, grand, bon sauteur.

Le rugby est un spectacle

Grâce à la Télévision le rugby a un immense public. Mais le téléspectateur ne vit pas un match comme le vrai spectateur du stade, assis dans les tribunes. Là, il participe à une espèce de chœur antique qui sert d'accompagnement aux péripéties du jeu.

Le jeu comporte un nombre considérable de règles détaillées; il faut les connaître pour apprécier le rugby. Un beau match est celui où les deux équipes veulent jouer plutôt que gagner à tout prix. C'est une partie ouverte, offensive, avec très peu de temps morts, jouée plus à la main qu'au pied et où les joueurs relancent sans cesse le jeu, construisent chaque phase du match.

Pour les 15 à 20 millions de spectateurs qui n'ont jamais touché un ballon ovale de leur vie, le Tournoi des Cinq Nations est le plus grand spectacle de l'année. Mais pour quelques milliers d'autres, ceux qui (dans leurs petits clubs du Sud-Ouest) pratiquent ce sport avec passion, c'est l'office solennel d'un culte, le rugby, et leur vie lui doit ses joies, son sens, son aventure.

SONDAGE: Les Français et le sport

Vous arrive-t-il d'aller assister à des épreuves sportives?

Non, jamais	68%
Oui, mais rarement	21%
Oui, très/assez souvent	11%

Suivez-vous les retransmissions d'épreuves sportives à la radio ou à la télévision?

Oui, très/assez souvent	50%
Oui, mais rarement	31%
Non, jamais	19%

dont:

football	50%
rugby	44%
ski	30%

Pratiquez-vous un sport régulièrement, en dehors des vacances?

Non, aucun sport	87%
Oui, un sport	10%
Oui, plusieurs sports	3%

font du sport:

27% des cadres (ski et tennis)
12% des ouvriers (football)
8% des agriculteurs (football, natation, cyclisme)

Pour beaucoup de Français, le sport est encore un luxe.

Est-il important, pour les enfants, de faire du sport?

Très important	64%
Assez important	32%
Pas très important	3%
Pas important du tout	1%

Quel est à votre avis le pays qui se classe en tête du monde pour les résultats sportifs?

Etats-Unis	36%
URSS	16%
France	7%
Angleterre	4%
Allemagne	3%
Italie	—
Sans opinion	34%

ODÉON

REPÈRES

Colombes: A suburb of Paris where the largest Parisian stadium (45,000 seats only!) is located.

Mont—de—Marsan, Graulhet, Narbonne, La Voulte: Small towns in the southwestern part of France that are well known for their outstanding rugby teams.

Êtes-vous bien informé?

1. Les équipes nationales de rugby ont chacune un emblème:

   a) le poireau est un animal
   b) la rose est l'emblème des Anglais
   c) le chardon et le trèfle sont des végétaux
   d) le coq est l'emblème des Roumains

2. Dans le rugby d'aujourd'hui:

   a) il n'est pas permis de porter le ballon dans ses mains
   b) le jeu comporte de longs temps morts
   c) il y a huit avants
   d) le nombre total des joueurs dans chaque équipe est vingt

3. Les joueurs de chaque nation ont un style de jeu différent:

    a) les Français ont plus d'audace que les Roumains

    b) les Irlandais jouent moins bien quand ils sont en dehors de leur pays

    c) les Ecossais ne sont pas très rapides

    d) Les Nouveaux-Zélandais sont les meilleurs de tous

4. On dit des spectateurs des matchs de rugby que:

    a) le rugby est pour eux une religion

    b) 5 à 10 millions d'entre eux suivent le match devant leur poste de télévision

    c) 40.000 d'entre eux ont été au stade de Colombes pour le tournoi des Cinq Nations en 1970

    d) c'est dans le Sud-Ouest qu'il y a le plus de fervents de rugby

5. On connaît les faits suivants sur le sport en France:

    a) plus de la moitié des Français ne vont jamais assister à des épreuves sportives

    b) les jeunes préfèrent regarder un match de rugby plutôt qu'un match de football

    c) beaucoup de Français font du sport régulièrement

    d) le tennis est un sport de riche

Interprétation

Knowing the qualities required for the different positions in rugby, make up the ideal team, mixing the different nationalities described here. Justify your choice in each case.

Re-création

Write about a favorite sport, a hobby or an interest as if it were a "religion."

or: Write about religion, or any other revered institution, as if it were a sport.

SENS

Noms

août (m.) = *August*
arbitre (m.) = *referee*
arrière (m.) = *fullback*
audace (f.) = *boldness*   ☐ *audacity*
avant (m.) = *forward*
ballon (m.) = *football*
botteur (m.) = *kicker*
but (m.) = *goal*
carte (f.) = *map*
chardon (m.) = *thistle*
chœur (m.) = *chorus, also, choir*
classicisme (m.) = *a pure and traditionnal style*
coq (m.) = *rooster*
cyclisme (m.) = *cycling, as a professional sport*
demi (m.) = *halfback*
Ecossais: de l'Ecosse
Ecosse (f.) = *Scotland*
élève (m.) = *pupil*
entraînement (m.) = *training*
épreuve (f.) = *trial;* épreuve sportive = *competition*
équipe (f.) = *team*
espèce (f.) = *kind*
fervent (m.) = *fan*
fidèle (m.) = *faithful*
frère (m.) = *brother*
fureur (f.) = *rage, fury*
Galles (pays de) = *Wales*
Gallois: du pays de Galles
gagneur = *winner*
géant = *giant*
hiver = *winter*
Irlandais: d'Irlande
Irlande = *Ireland*
joie (f.) = *joy*
ligne (f.): 2ème ligne ≈ *running back*
main (f.) = *hand*   ☐ *manual*
match (m.) = *game*
mêlée (f.) = *scrimmage*

Notre-Dame = *Our Lady (the Virgin Mary), patron saint of many French churches*
office (m.) = *religious ceremony*
ovale (m.) = *oval*
partie (f.) = *game*
passe (f.) = *pass*
patrie (f.) = *fatherland*
péripétie (f.p.) = *successive events, vicissitudes*
pied (m.) = *foot*
pilier (m.) = *center, pillar*
poireau (m.) = *leek*
poste (m.) = *set*
retransmission (f.) = *broadcast*
samedi (m.) = *Saturday*
sauteur (m.) = *leaper*
sifflet (m.) = *whistle*
stade (m.) = *stadium*
Sud (m.) = *south*
tempérament (m.) = *constitution*
transe (f.) = *trance*
trèfle (m.) = *shamrock*
tribune (f.) = *stands*
trois-quart (m.) = *three-quarter*
vacances (f.p.) = *vacation*
végétal (m.) = *plant*
vivacité (f.) = *vivaciousness*

Verbes

battu (inf.: battre = *to defeat*) p. passé
comporter = *to comprise*
devint (inf.: devenir = *to become*) passé simple
dispenser = *to give*
évoluer = *to evolve* □ *evolution*
former (se) = *to take shape*
frapper = *to hit*
nommer (se) = *to be named*
permettre (se) = *to take the liberty*
pratiquer = *to practice*
relancer = *to start again*
suivre = *to follow*
vécu (inf.: vivre = *to live*) p. passé

Déterminant

aucun (s.) $=$ *not one*

Adjectifs

adverse $=$ *opposite*
assis $=$ *sitted, sitting*
cinq: 5
considérable $=$ *notable, important*
deux: 2; deuxième: *second*
détaillé $=$ *detailed*
dix: 10
faux $=$ *false;* ∞ vrai
habile $=$ *clever*
huit: 8
lent $=$ *slow*
malin $=$ *cunning*
minuscule $=$ *minute, tiny*
mort $=$ *dead;* temps mort $=$ *time when the action is very slow*
offensif $=$ *offensive, aggressive*
populaire $=$ *here, popular*
quinze: 15; à quinze $=$ *with fifteen players*
redoutable $=$ *fearsome*
sauvage $=$ *wild*
solennel $=$ *formal and solemn*
souple $=$ *limber*
vingt: 20; à vingt $=$ *with twenty players*

Adverbes

fois (à la) $=$ *at the same time*
peu (un) . . . **de** $=$ *a little of . . . ; some . . .*
régulièrement $=$ *with regularity*

Prépositions

derrière $=$ *behind*
devant $=$ *in front of, before*
par-dessus $=$ *above*

Conjonctions

plutôt que = *rather than*
tandis que = *while* ≈ alors que (p. 106)

Locutions et expressions

à votre avis = *in your opinion*
d'abord = *at first*
en tête = *at the head, first*
sans cesse = *unceasingly*
tout autre chose = *quite another thing; something else, and better*

COMMENT VA LA CUISINE FRANÇAISE?

La chasse aux « étoiles »

En vacances, 450.000 Français, accompagnés en général de leur famille, sillonnent les routes de province, le guide Michelin dans la boîte à gants de leur voiture. Pour la plupart, ils chassent les « étoiles » qui leur promettent bonne table. Le voyageur roule de la pauchouse à la quenelle, des rillons aux tripoux, du cassoulet à la brandade. Il donnera plus tard tous les détails à ses amis.

Le règne de la grillade

En 1962 les vrais gourmets étaient dans le désespoir. C'était alors la vogue des fausses auberges campagnardes qui n'offraient qu'un menu de trois lignes: assiette de crudités, grillade aux herbes, un sorbet pour finir, et bien sûr, l'inévitable rosé de Provence. Le dimanche, dans leur « fermette », les couples dans le vent infligeaient à leurs amis le barbecue obligatoire, steak ou brochette caramélisés, accompagnés de crudités.

La cuisine est chose sérieuse

Rien n'est plus agréable à l'œil, disait-on, qu'une corbeille où voisinent tomates, céleri et olives noires. Pour satisfaire l'œil, on sacrifiait la bouche. On ne disait pas qu'un plat ou un vin était bon mais qu'il était « amusant ». Répandu par les snobs et la presse féminine, aucun mot n'a été plus dangereux pour la cuisine française. La cuisine est chose sérieuse, pas amusante. La cuisine française, simple, peu décorative, atteint ses sommets avec un gigot aux flageolets, un navarin, un canard aux navets, un pot-au-feu. Cette cuisine-là n'est ni coûteuse, ni compliquée; elle demande du soin et du temps, c'est vrai, et beaucoup de Français se méfient du progrès technique et croient encore qu'une mayonnaise faite à la cuillère est meilleure qu'au fouet électrique. Les Français se méfient encore des objets et de la technique alors que les Américains les dominent.

La cuisine américaine

Qu'on n'aille pas se moquer de la cuisine américaine! Journaliste et gastronome, parti pour les Etats-Unis, plein de préjugés chauvinistes, Christian Millau est revenu médusé. Pendant que nous commencions à nous nourrir « à l'américaine » à force de drugstores, snack-bars et resto-routes, les New-Yorkais commençaient à manger à la française. Un peuple civilisé et riche ne consomme pas éternellement des hot-dogs et des hamburgers!

Les repas de famille

Pendant très longtemps, le luxe du Français fut son repas: point de télévision, guère de spectacles, peu de voyages. On se réunissait aux grandes occasions pour manger. Pas de baptême, de première communion, de mariage ou même d'enterrement sans un grand repas qui réunissait famille et amis et durait plusieurs heures. Les nombreux loisirs modernes ont mis fin dans une certaine mesure à ces distractions.

Le goût de la bonne chère

Les livres de cuisine se multiplient et se vendent. Les femmes, même celles qui travaillent, reviennent aux fourneaux et y retrouvent leurs maris. Les jeunes eux-mêmes s'intéressent à la bonne cuisine. Les bons restaurants de Paris ne désemplissent pas. Les grands restaurants restent excellents et on trouve de plus en plus d'établissements modestes où l'on mange bien.

Des gourmands d'élite

On rencontre des gourmands d'élite comme ce monsieur qui, en vacances en Bourgogne goûte chaque jour quatre crus de vin dans le but de meubler sa cave pour l'année. Pourquoi l'homme, qui possède cinq sens, s'enorgueillirait-il de n'en cultiver que quatre, l'ouïe au concert, la vue au cinéma ou au musée, l'odorat dans un jardin de fleurs et le toucher dans l'amour? Une lamproie à la bordelaise vaut la « Symphonie du Nouveau Monde », « Les Nymphéas », une roseraie ou un parfait grain de peau. L'amour de l'un, d'ailleurs, ne va pas sans l'amour des autres.

SORBONNE

REPÈRES

Guide Michelin: The best seller of French travel guides. It has a very elaborate system of rating hotels and restaurants. One star means very good cooking; two stars means "worth a special visit"; three stars is the top rating. There are only twelve three-star restaurants in France. It is very difficult to receive a three-star rating. The inspectors who work for Michelin came to New York and could not find, among the best-known French restaurants in the city, a single one worth three stars; the very best made the two-star category. The French take their restaurants seriously, and earning or losing a star, for a chef, is a matter of great importance. A few years ago, a Parisian chef, discovering that the new edition of the Michelin had demoted him from the two- to the one-star category, committed suicide.

Les Nymphéas: A series of famous paintings by the Impressionist Claude Monet; one of these paintings may be seen in the Museum of Modern Art in New York.

La Symphonie du Nouveau Monde: The best-known work of the composer Anton Dvořák.

Êtes-vous bien informé?

1. Les Français en vacances cherchent les bonnes tables parce que:

    a)   ils ne mangent pas très bien chez eux

    b)   ils n'aiment pas faire la cuisine

    c) ils veulent pouvoir en parler à leurs amis plus tard

    d) ça les amuse de chasser les étoiles

2. Les vrais gourmets:

    a) adorent les brochettes et les grillades

    b) pensent que les crudités sont excellentes pour la santé

    c) demandent du rosé avec tous leurs repas

    d) déclarent qu'un plat doit être agréable à la bouche

3. La cuisine française:

    a) est compliquée et difficile à préparer

    b) n'est pas très décorative

    c) demande des produits au prix élevé

    d) doit être faite avec soin

4. En France les repas de famille traditionnels:

    a) durent plusieurs heures

    b) sont une occasion de réunir famille et amis

    c) sont toujours donnés dans un restaurant

    d) sont de moins en moins fréquents

5. On voit que les Français aiment toujours la bonne nourriture à ce que:

    a) il y a de plus en plus de livres de cuisine sur le marché

    b) les hommes font aussi la cuisine

    c) il y a moins de monde dans les restaurants

    d) les écoles de cuisine ont beaucoup d'élèves

Interprétation

To a friend who eats only hotdogs and hamburgers, describe all the physical, social, psychological, and aesthetic benefits of good cooking and good food. Use only the elements described and implied in this article.

Re-création

Describe present American attitudes concerning food and cooking, either among the people around you or in general. See if your own observations contradict or corroborate Christian Millau's judgment about present trends in the American way of eating.

SENS

Noms

assiette (f.)   =   *plate*
auberge (f.)   =   *inn*
baptême (m.)   =   *baptism*
boîte (f.)   =   *box;* boîte à gants   =   *glove compartment*
bouche (f.)   =   *mouth*
Bourgogne (f.)   =   *Burgundy*
brandade (f.): *a dish from Provence made with salt cod meat, cooked and whipped with cream and olive oil.*
brochette (f.)   =   *skewer; also, the meat cubes cooked on a skewer*
canard (m.)   =   *duck*
cassoulet (m.): *a dish made of navy beans, pork, preserved goose, and other meats; from Languedoc*
chasse (f.)   =   *hunt*
chère (f.)   =   *fare, food;* bonne chère   =   *good food*
communion (f.)   =   *Holy Communion;* première communion: *religious ceremony for all the twelve-year-old children in a parish, and a very important family event.*
corbeille (f.)   =   *basket*
cru (m.): *place of origin of a wine; also, the wine itself*
crudités (f.p.)   =   *raw vegetables, such as carrots, tomatoes, and celery*
cuillère (f.)   =   *spoon*
cuisine (f.)   =   *cooking*
désespoir (m.)   =   *despair*

dimanche (m.) = *Sunday*
enterrement (m.) = *burial*
étoile (f.) = *star*
fermette (f.): *from "ferme"* = *farm; the suffix -ette is a "diminutif" and denotes smallness or endearment. A "fermette" is a farm transformed to make it a rustic but comfortable and elegant "résidence secondaire."*
flageolet (m.) = *green kidney bean*
fleur (f.) = *flower*
fouet (m.) = *whip, beater*
fourneau (m.) = *stove* ≈ cuisinière (f.)
gant (m.) = *glove*
gigot (m.) = *leg of lamb*
gourmand (m.): *a person who loves to eat*
gourmet (m.): *a person who appreciates and enjoys fine food*
grain (m.) **de peau** (f.) = *skin texture*
grillade (f.): *meat quickly cooked on a grill over an open fire, or in a skillet over high heat*
jardin (m.) = *garden*
lamproie (f.) = *lamprey; . . . à la bordelaise* = *in a sauce with red wine and leeks*
ligne (f.) = *line*
mesure (f.) = *measure;* dans une certaine mesure = *to some extent*
musée (m.) = *museum*
navarin (m.) = *lamb dish, resembling an Irish stew*
navet (m.) = *turnip*
nymphéa (m.) = *water lily*
odorat (m.) = *sense of smell*
œil (m.) = *eye*
ouïe (f.) = *the faculty of hearing*
pauchouse (f.) = *fish stewed in wine; from Burgundy and Franche-Comté*
plat (m.) = *dish*
pot-au-feu (m.) = *boiled dinner: beef boiled with a variety of vegetables, including carrots, leeks, onions, potatoes, and sometimes cabbage.*
préjugé (m.) = *prejudice*
quenelle (f.): *delicate meat or fish dumplings; from the region of Lyon*
règne (m.) = *reign*
resto-route (m.): *from "restaurant" and "route," a restaurant on an expressway*
rillons (m.p.): *meat paste, flavored with herbs, from the region of Tours*

rosé (m.) = *a pink, light wine*
roseraie (f.) = *rose garden*
sorbet (m.) = *sherbet*
table (f.) = *table;* une bonne table = *a place where good food is served*
tripoux (m.p.) = *a meat stew, from Auvergne*
vue (f.) = *eyesight*

Verbes

aille (inf.: aller) 3ème pers. s. subjonctif
atteint (inf.: atteindre = *to reach*) 3ème pers. s. présent
chasser = *to hunt*
désemplir = *to become empty*
durer = *to last*
enorgueillir (s') = *to be proud of, to boast*
finir = *to end*
fut (inf.: être) 3ème pers. s. passé simple
goûter = *to taste*
infliger = *to inflict*
méfier (se) = *to be suspicious, to mistrust*
mettre fin = *to put an end*
meubler = *to furnish*
moquer (se) = *to laugh, to scoff*
parti (inf.: partir = *to leave*) p. passé
posséder = *to own, to have*
promettre = *to promise*
rencontrer = *to meet*
répandu (inf.: répandre = *to spread*) p. passé
retrouver = *to find again; also, to join*
réunir (se) = *to get together*
rouler = *to roll, to drive*
satisfaire = *to satisfy*
sillonner = *to furrow*
voisiner = *to live next to, to border; from* voisin (m.): *neighbor*

Adjectifs

bordelais : Bordeaux :: parisien : Paris
campagnard = *from the country*
caramélisé = *browned like burnt sugar*
coûteux = *costly*

décoratif = *decorative, ornamental*
inévitable = *unavoidable*
médusé = *dumbstruck*
modeste = *inexpensive and unpretentious*
plein de = *full of*
quatre: 4
trois: 3

Adverbes

éternellement = *eternally*
guère de = *scarcely any*
là = *there;* cette . . . -là = *that . . .*
ne . . . que = *only*
peu + (adj.) = *not very*
point de: pas de
tard = *late*

Locutions et expressions

à force de = *by virtue of . . . with the help of lots of . . . .*
la plupart de = *most, the majority of. Note:* l' *in* "où l'on. . ." *is not a personal pronoun, but like* -t- *in* "existe-t-elle?" (p. 80) *it is used for euphony between two vowels.*

VIT-ON MIEUX À PARIS OU EN PROVINCE ?

Vivre à Paris ou en province: c'est le choix que doivent faire non seulement les étudiants qui sortent de l'Université ou des grandes écoles, mais un nombre de plus en plus important de cadres en activité.

Comparons, heure par heure, les avantages et les inconvénients de la vie à Paris avec Jacques Filleux, cadre dans une grande société d'électro-ménager et en province avec Jacques Benoit, ingénieur dans une raffinerie à Frontignan.

7h.30 A Paris, les embouteillages

Jacques Filleux s'est levé à 6h.45, il a pris un bol de café au lait sur la table de sa cuisine. Il habite boulevard Lefèvre et il lui faut près de 3/4 d'heure pour se rendre à l'avenue Montaigne où se trouve le siège de son entreprise. Il rentrera chez lui à 19h.30 si tout va bien.

En province, une promenade à travers les champs

Jacques Benoit s'est levé à 6h.30 et il a eu le temps de prendre son petit déjeuner avec sa famille. Il lui faut cinq minutes en voiture ou un petit quart d'heure à pied pour se rendre à son poste; la route traverse les vignobles. Il rentrera chez lui, en principe, à 17h.30.

10h. A Paris, le bureau

Jacques Filleux étudie un projet dans son bureau. A Paris, près des centres de décision, le cadre parisien a plus de chances pour sa carrière, mais son homologue de province gagne autant que lui.

En province, le chantier

Jacques Benoit gagne 4.000 F par mois. L'entreprise emploie une politique de mobilité des cadres entre ses établissements, le recyclage est permanent, les promotions restent ouvertes.

11h. A Paris, le supermarché

Simone Filleux fait ses courses dans un supermarché. Elle trouve la vie chère, la nourriture prend 40% de son budget. Elle trouve les trajets trop longs pour aller voir souvent ses amies. Elle n'a pas de femme de ménage.

En province, le marché en plein air

Edith Benoit fait son marché dans les magasins et au marché de Frontignan. Les poissons et crustacés sont 20% moins chers qu'à Paris. La nourriture prend 30% de son budget. Elle a une femme de ménage.

12h.30 A Paris, la cantine

Jacques Filleux déjeune à la cantine. Parfois il se contente d'un sandwich dans un café. Son appartement: trois pièces au 8ème étage (loué 800F par mois) est trop éloigné du bureau, il ne rentre jamais chez lui à midi.

En province, le déjeuner en famille

Jacques Benoit déjeune chez lui tous les jours avec sa femme et son fils Marc, six ans, dans la villa entourée d'un jardin que lui loue son entreprise pour 200F par mois.

21h. A Paris, les Champs-Elysées

Jacques Filleux et sa femme descendent les Champs-Elysées à la recherche d'un cinéma. Ils profitent peu des divertissements possibles: deux bons films par mois, la télévision, le théâtre une ou deux fois par an, parfois le dimanche un concert d'orgue à Notre-Dame.

En province, les sorties de convenance

Jacques Benoit et sa femme sortent environ deux fois par mois, et comme la plupart des Français reçoivent peu. Ils vont au cinéma et sont abonnés aux tournées théâtrales Karsenty. Ils vont parfois au concert à Sète ou à Montpellier.

Le Week-end. A Paris, flânerie dans la capitale

Jacques Filleux quitte rarement Paris, au contraire de la plupart de ses collègues qui s'évadent dans leur maison de campagne. Pour lui, le samedi-dimanche, c'est la vie de la famille, impossible pendant la semaine. La photo c'est sa passion: les quais de Paris, les gens de Paris.

En province, un bain de nature

Jacques Benoit, le dimanche matin: une promenade à cheval, une longue ballade à pied sous les pins, ou un match de tennis. L'après-midi il écoute des disques,

le soir il lit, énormément. Très souvent la famille part en week-end sur la Côte d'Azur, en Camargue, en Espagne.

La France n'aime plus Paris

Paris est une ville tentaculaire, centralisatrice et omnipotente. 97% des cadres de toutes les régions estiment que Paris occupe une place disproportionnée par rapport au reste de la France. C'est là que sont concentrés les sièges sociaux des grandes entreprises et là que sont prises toutes les décisions administratives. 56% des personnes interrogées ne pensent plus qu'il soit nécessaire d'habiter la capitale pour réussir, les 44% qui pensent le contraire ajoutent à leur réponse un « hélas » qui en dit long.

Quelques opinions:

Un directeur de société à Draguignan: « Il faut peut-être aller à Paris pour réussir dans la vie; pour réussir sa vie, certainement pas. »

Un ingénieur de Rodez: « Vivre à Paris? pour réussir, oui. Pour être heureux, non! »

Un médecin de Provence: « Les Parisiens oublient trop souvent qu'il ne sont que des provinciaux transplantés. »

Un viticulteur de Libourne: « Paris est la plus belle des villes quand on y passe, la plus dure quand on y travaille: les Parisiens sont esclaves du bruit, des transports, de la pollution, des embouteillages; c'est une ville de rêve où l'on ne peut plus rêver. »

Mais, selon une enquête de la population, 38% seulement des cadres parisiens et 36% d'épouses, envisageraient le départ pour la province.

Un jeune cadre:

« Quand on aime la vie très active on a besoin de Paris. »

Sa femme:

« Pour nos enfants, nous avons ici toutes les facilités, toutes les possibilités de choix en ce qui concerne les écoles et les loisirs. »

Un libraire de la rue de Rennes:

« Paris est toujours le centre dynamique de la vie intellectuelle et artistique.

Même si je n'utilise pas tous les moyens d'enrichissement à ma disposition, je sais qu'ils sont à ma portée. »

Un professeur à la Faculté des Sciences de Paris:

« Moi j'aime les bouquinistes, les vieux livres, les vieilles gravures, je ne trouve cela nulle part ailleurs. »

Un chef d'entreprise de Dijon:

« Les Parisiens sont quand même les seuls capables de lire Camus dans le métro. . . »

SORBONNE

REPÈRES

Grandes Écoles: These schools of higher education are totally separated from the universities. Entrance is determined by a competitive exam, and only one out of ten candidates is accepted. People graduating from these schools are assured the most attractive positions in government, the military, and private industry. The most pretigious of these schools are "l'Ecole Polytechnique" and "l'Ecole Nationale d'Administration" (ENA). In France, real power, in all senses of the word, belongs to the graduates of these two schools.

IFOP: Institut Français d'Opinion Publique: a sort of National Survey research center, very frequently nicknamed "the French Gallup."

Êtes-vous bien informé?

1. Certains aspects de la vie à Paris pour Jacques Filleux:

    a) il lui faut peu de temps pour se rendre à son bureau
    b) sa carrière a plus de chances de s'améliorer rapidement
    c) il apprécie les promenades sur les quais
    d) il va au concert tous les dimanches

2. Certains aspects de la vie en province pour Jacques Benoit:

    a) il prend tous ses repas en famille
    b) il peut aller au travail à pied
    c) il a un très joli appartement
    d) il reçoit très souvent ses amis

3. Edith a une vie plus agréable que Simone parce que:

    a) elle va plus souvent au concert
    b) elle a une bonne à la maison
    c) la nourriture est moins chère en province
    d) elle a le temps de voir des amies

4. Selon cet article, les jeunes cadres français le dimanche ont une ou plusieurs de ces activités:

    a) ils partent dans leur résidence secondaire

b) ils assistent à un office religieux

c) ils vont voir leurs parents

d) ils font du sport

5. Certains provinciaux pensent:

a) qu'il faut vivre à Paris pour réussir

b) que Paris est une ville de rêve

c) qu'on peut être aussi heureux en province

d) qu'il est possible de lire dans le métro

Interprétation

Imagine that you have to choose between M. Filleux' and M. Benoit's life styles. List the advantages that would make you choose one rather than the other. What would you miss from the other life style?

Re-création

Describe a typical weekday and weekend in the life of an American couple you know well, in the same way the Benoits and Filleux are described here.

or: Tell about your own schedule for weekdays and weekends and indicate the changes you would like to make in this arrangement.

SENS

Noms

air (m.) = *air;* plein air = *open air, outdoors*
ballade (f.) = *walk, stroll*
bol (m.) = *bowl*

bouquiniste (m.): *a bookseller who deals mostly in second-hand books*
bruit (m.) = *noise*
bureau (m.) = *office*
café (m.) = *coffee; also, coffee shop*
cantine (f.) = *cafeteria in a school, a factory or an office*
carrière (f.) = *career*
champ (m.) = *field*
chantier (m.) = *building site*
cheval (m.) = *horse*
convenance (f.) = *convenience;* de convenance = *suitable*
course (f.) = *shopping trip;* faire ses courses = *to go shopping*
crustacé (m.) = *crabs, shrimps, lobsters, all sea-animals with a shell*
déjeuner (m.) = *lunch;* petit déjeuner = *breakfast*
divertissement (m.) = *entertainment*
électro-ménager (m.) = *electrical appliances*
embouteillage (m.) = *traffic jam*
enquête (f.): sondage (m.)
enrichissement (m.): *the process of becoming richer*
entreprise (f.) = *enterprise*
épouse (f.) = *spouse;* époux (m.) (p. 95)
esclave (m./f.) = *slave*
femme (f.) **de ménage** (m.) = *cleaning lady*
fils (m.) = *son*
flânerie (f.) = *leisurely stroll, loafing*
gens (m.p.) = *people*
gravure (f.) = *etching*
homologue (m.): *someone in the same situation or position*
IFOP: Institut Français d'Opinion Publique
inconvénient (m.) = *disadvantage*
lait (m.) = *milk*
libraire (m.) = *bookseller*
magasin (m.) = *store*
médecin (m.) ≈ docteur (m.)
midi (m.) = *noon*
orgue (m.) = *organ*
pin (m.) = *pine tree*
poisson (m.) = *fish*
poste (m.) = *position*
principe (m.) = *principle;* en principe = *in theory*
promenade (f.) = *leisurely walk*
provincial : la province :: parisien : Paris
quai (m.) = *quay; sidewalk along and above the river Seine*
quart (m.) = *quarter*

raffinerie (f.) = *refinery*
recherche (f.) = *search*
recyclage (m.): *refresher course, process of retraining*
reste (m.) = *rest, remainder*
semaine (f.) = *week; here, working days, as opposed to the week-end*
siège (m.) = *seat;* siège de société = *main office*
société (f.) = *society, corporation*
sortie (f.): *going out for pleasure, to the movies, the theater, with friends, etc.*
tournée (f.) = *tour*
trajet (m.) = *trip between two fixed points, distance*
transports (m.p.) = *public transportation*
viticulteur (m.) ≈ vigneron (m.); *a person who cultivates grapes or vineyards. The first term is applied most frequently to the person who manages the vineyards; the second, to the person who works them.*

Verbes

avoir besoin de = *to need, to want*
comparer = *to compare*
contenter (se) de = *to be satisfied with, to make do with*
déjeuner = *to have lunch*
descendre = *to go down, to walk down*
doivent (inf.: devoir) 3ème pers. p. présent
écouter = *to listen*
employer = *to use*
envisager = *to consider*
évader (s') = *to escape*
interroger = *to ask questions* □ *interrogation*
lever (se) = *to get up*
lire = *to read*
occuper = *to occupy, to take*
profiter de = *to take advantage of*
quitter = *to leave*
rendre (se) à = aller; *to get there*
rentrer = *to come back*
rester = *to remain, to stay*
réussir = *to succeed;* réussir sa vie = *to make a good, fine thing of one's life;* réussir dans la vie = *to achieve success in society*
soit (inf.: être) subjonctif 3ème pers. s.

sortir = *to go out; here, to have just graduated from*
traverser = *to cross*
trouver (se) = être; *here:* se trouve = *may be found*

Adjectifs

abonné: *indicates someone who has a subscription to a newspaper, a concert series, etc.*
dur = *hard*
éloigné = *far*
plein = *full;* plein air = *open air, outdoors*
tentaculaire: *is said of something that catches and holds everything around, as an octopus with its tentacles*
vieille (f.) = *old;* vieux (m.)

Adverbes

autant que = *as much as*
certainement = *certainly*

Prépositions

à travers = *across*
selon = *according to*

Interjection

hélas = *alas*

Locutions et expressions

en ce qui concerne = *about, concerning*
en dire long = *to say a lot*
heure par heure = *hour after hour*
nulle part ailleurs = *nowhere else*
par rapport à = *in comparison with*
quand même = *anyway, after all*

QUI FAIT LA MODE?

Mini, Maxi, ou Pantalon?

Avant, elles étaient en mini-jupes, maintenant on ne voit même plus leurs mollets.

Quand les salons de haute-couture présentent leurs nouvelles collections, les boutiques sont pleines de modèles achetés dix mois avant. A ce moment-là, le choix est difficile, un manque de flair dans les prévisions peut être catastrophique pour les petites boutiques. Rue de Sèvres on se lamente: « Nous sommes obligés de rester « classique. » La mode va trop vite. Nous achetons des mois à l'avance. Quand nous recevons nos commandes c'est déjà démodé. »

Les grands classiques d'hiver

Pour eux, rien n'est trop beau, ni la coupe, ni le tissu: on veut, on peut, on doit les garder des années. Ils sont très souvent beiges, bruns, écrus: des couleurs dont on ne se fatigue pas. Toujours sport-ville, le style qui va à 90% des femmes. Par exemple:

le blazer de base en velours côtelé beige

le trench-coat de race, long, en coton kaki

le cardigan de laine écru

la vraie robe chemisier en flanelle de laine beige

le caban idéal en jersey blanc avec jupe et pantalon assortis

le pardessus léger, non doublé, en laine pied-de-poule,

et une seule jupe mais en cachemire avec pull noir de shetland ou chemisier de flanelle beige.

Pour cette saison: pas d'uniforme

C'est décidé: ce printemps nous verrons des jupes longues. Des robes longues et des manteaux longs. . . du court aussi pour plaire aux nostalgiques du genou nu (généralement des hommes). Chaque femme doit s'habiller selon sa silhouette. Quelle longueur? N'importe laquelle: celle qui vous va, celle qui vous amuse. Vive la longueur sauvage, la mode sauvage, faite d'imagination, d'improvisation, d'humour, d'humeur!

Requiem pour la robe

Au salon du prêt-à-porter comme dans la rue, la robe a disparu.

Toutes les longueurs: à la cheville, au mollet, au genou ou plus haut encore. Toutes les couleurs: les douces, les acides, les pâles et les brillantes. Tous les tissus: du coton d'hiver au drap d'été, du plaid au crylor, de la flanelle au « jean ». Tous les styles: du romantique au spatial. Dans ce fatras de vêtements, il ne manquait qu'une pièce: la robe. Les femmes ont confisqué aux hommes leurs tenues les plus viriles: chapeaux de broussard, vestes-vareuses, bottes et surtout le pantalon et le short. Assez de la robe trop féminine, assez du vêtement fixe, figé, fini. Chacune s'habille à son goût dans l'ordre ou le désordre, la raison ou le délire; au gré de sa fantaisie et de son tempérament. La mode n'est plus imposée d'en-haut: elle germe dans la rue.

Beau pour des sauvages

Le bon et le mauvais goût changent selon les cultures. Si nous disons que

s'habiller comme les femmes kabyles, gitanes, indiennes ou hindoues, c'est faire preuve de mauvais goût, nous avons une attitude raciste. En réalité, ce qui est beau pour elles peut aussi être beau pour nous. Il ne faut pas parler de mode avec de grands mots et affirmer que s'habiller de telle ou telle manière est révolutionnaire. Mais il est tout à fait réactionnaire d'être *contre* une *autre* manière de s'habiller tous les jours.

Le langage des jupes

La mode a toujours une signification sociale. Chaque individu utilise son costume comme un système de signes, un langage; il révèle ainsi qui il est ou qui il veut être, sa profession, son rang, sa classe sociale, sa docilité ou son indépendance vis-à-vis de l'opinion des autres, et bien d'autres choses encore.

La collectivité aussi parle par la mode. Autrefois, la classe dirigeante faisait la mode à travers ses journaux, ses couturiers et leurs boutiques. Cette mode était chère. Grâce au progrès du prêt-à-porter, à la pénétration des magazines de mode, les autres classes sociales ont pu, de mieux en mieux, adopter et copier les modèles parisiens. La mode « bourgeoise », créée par des bourgeois pour des bourgeois, cessait peu à peu d'être une mode de luxe et devenait la mode de tous. On assistait à une uniformisation du vêtement.

Depuis 1964–65, c'est fini. La classe qui fait la mode, ce n'est plus la bourgeoisie, ce n'est pas la classe ouvrière, c'est la jeunesse. Adopter la mini-jupe, c'était pour elle une façon de s'affirmer en face des adultes, de refuser les règles du jeu social, de prouver sa liberté vis-à-vis des tabous sexuels.

Si les jupes longues, le style chaste et pudique remplacent les mini-jupes, c'est le signe d'un retour au mystère et au romantisme, peut-être. . . mais c'est plus sûrement le signe d'une réaction, de la réaction qui se manifeste aussi dans bien d'autres domaines.

La mode est un excellent sondage d'opinion; elle révèle ce que les sondages ignorent parce qu'elle parle le language de l'inconscient.

REPÈRES

Couturier / couturière: The difference here is more than masculine / feminine. The "couturier" is an artist who, each year, creates a new collection of clothes. When the collection is especially successful, it can set a trend that may last several years. Each garment created by a "couturier" is made by hand, and therefore extremely expensive. Most of the "couturiers" also have "boutiques" where they sell their own ready-to-wear line. These clothes are still expensive, but less than the collection, since they are produced in quantities.

The "couturière" is the artisan who works at home or in a small shop and attempts to duplicate for her customers the designs created by the "couturier."

Salon du prêt-à-porter / présentation des collections: Each year these two events attract buyers from the large department stores. The models which are successful set the trends and are copied and imitated around the world.

Boutiques: Most elegant young Parisian women do not buy their clothes from "grands couturiers." They have copies made by their own favorite "petite couturière," or they shop for new, amusing things in small, friendly, chic stores called "boutiques." These places cater to the tastes and needs of their customers. In Paris the best "boutiques" may be found around the boulevard Saint-Germain and the rue de Rennes, and in such side streets as the rue de Sèvres.

CENSIER

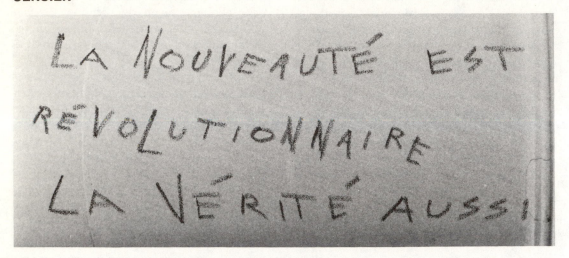

Êtes-vous bien informé?

1. Les propriétaires des petites boutiques de mode:

   a) achètent leurs modèles dix mois avant les présentations des couturiers
   b) doivent faire preuve de flair au moment où elles font leurs commandes
   c) vendent surtout des modèles avant-garde
   d) pensent que la mode n'évolue pas assez rapidement

2. Un vêtement classique:

   a) est toujours de couleur sombre
   b) doit être fait dans un tissu d'excellente qualité
   c) peut être acheté dans une petite boutique
   d) va à la majorité des femmes

3. Les femmes doivent s'habiller:

   a) en choisissant ce qui convient à leur silhouette
   b) court, si elles veulent plaire à certains hommes
   c) de la façon qui les amuse le plus
   d) en oubliant les préjugés racistes et réactionnaires

4. Au salon du prêt-à-porter on a vu:

    a) beaucoup de tenues de style masculin

    b) des robes inspirées des styles traditionnels de l'Inde et de l'Afrique du Nord

    c) des vêtements classiques aux couleurs douces et pâles

    d) une variété qui peut plaire à tous les goûts

5. La mode est un véritable langage parce que:

    a) elle révèle l'image qu'un individu se fait de lui-même selon le vêtement qu'il choisit

    b) les couleurs et les formes ont une valeur symbolique précise et fixe

    c) il est possible de connaître la fortune et le rang social d'une personne à travers le style et la qualité des vêtements qu'elle porte

    d) elle exprime les changements psychologiques (et politiques) de toute une société

Interprétation

Try to reconstruct the history of fashion as outlined in the article. What is fashion? Who makes it? How has the world of fashion changed in the last decade?

Re-création

Describe how you choose your style of dress. Does it reflect accurately your psychological make-up, moods, dreams, social ambitions, political opinions, outlook on life, or imagination and creativity? If not, why?

or: You are invited to spend a week or a weekend at the house of the person you admire most (mention a well-known name). What kind of wardrobe will you pack for the different moments of this stay? Make a list with comments.

SENS

Noms

base (f.) = *base, basis;* de base = *basic*
botte (f.) = *boot*
broussard (m.): *someone who lives in the ''brousse'' or bush*
caban (m.) = *duffle coat*
chapeau (m.) = *hat*
chemise (f.) = *shirt*
chemisier (m.) = *woman's shirt;* robe chemisier = *shirt dress*
cheville (f.) = *ankle*
collectivité (f.) = *the masses*
commande (f.) = *order*
costume (m.) = *way of dressing, dress*
coupe (f.) = *cut*
court (m.): *noun made with the adjective ''court''* = *short*
couturier (m.) = *dressmaker*
couturière (f.) = *seamstress*
crylor (m.) = *acrylic*
drap (m.): *heavy woolen material*
façon (f.) = *way*
fantaisie (f.) = *whim*
fatras (m.) = *jumble*
flair (m.) = *foresight*
flanelle (f.) = *flannel*
genou (m.) = *knee*
humeur (f.) = *mood, whim*
humour (m.) = *humor, wit*
inconscient (m.) = *unconscious*
individu (m.) = *individual*
jeunesse (f.) = *youth*
jupe (f.) = *skirt*
laine (f.) = *wool*
longueur (f.) = *length*
manque (m.) = *lack*
manteau (m.) = *coat*
mollet (m.) = *calf*
nostalgique (m.) = *someone who regrets*
pantalon (m.) = *pants, slacks*
pardessus (m.) = *topcoat*
pied-de-poule (m.) = *hound's-tooth check*

plaid (m.): *rough woolen material used for car blankets*
prêt-à-porter (m.) = *ready-made clothes*
prévision (f.) = *forecast*
pull (m.) = *sweater*
retour (m.) = *comeback*
robe (f.) = *dress*
saison (f.) = *season*
salon (m.) = *drawing room; also: exhibition, fair*
silhouette (f.) = *figure*
tissu (m.) = *fabric, material*
vareuse (f.) = *military jacket*
velours (m.) = *velvet;* velours côtelé = *corduroy*
veste (f.) = *jacket* ≠ *vest* = gilet (m.)
vêtement (m.) = *garment, article of clothing*

Verbes

confisquer = *to confiscate*
disparu (inf.: disparaître) p. passé
fatiguer (se) = *to get tired*
germer = *to germinate*
habiller (s') = *to get dressed*
ignorer = *to be ignorant of*
lamenter (se) = *to bewail*
plaire = *to please*
prouver = *to prove*
remplacer = *to replace*
verrons (inf.: voir = *to see*) 1ère pers. p. futur

Adjectifs

acide = *tart, sharp*
assorti = *matching, coordinated*
blanc = *white*
côtelé = *ribbed;* velours côtelé = *corduroy*
démodé = *out of fashion*
dirigeant = *leading, ruling*
doublé = *lined*
douce (f.) = *soft;* doux (m.)
écru = *off-white*
figé = *stiff*

fini   =   *finite*
fixe   =   *fixed, set*
gitan   =   *gypsy*
hindou   =   *Hindu, Indian (from India)*
indien   =   *American Indian*
kabyle   =   *from Kabylia, in Algeria*
kaki   =   *khaki*
léger   =   *light*
mauvais   =   *bad*
nu   =   *bare, naked*
pudique   =   *chaste, modest*
spatial   =   *as worn in space ships*

Pronom

n'importe laquelle   =   *no matter which one, any one*

Locutions et expressions

au gré de   =   *according to, following the whim of*
bien des   =   *many*
d'en-haut   =   *from on high*
de mieux en mieux   =   *better and better*
faire preuve de   =   *to demonstrate*
peu à peu   =   *little by little*
de race   =   *de bonne race: with a pedigree, with breeding*
tout à fait   =   *completely*
tous les jours   =   *everyday*
va (celle qui)   =   *that fits, that suits*
vis-à-vis de   =   *with regard to, toward*

CHANGER LES LYCÉES

Le lycée de papa

Notre système d'enseignement est basé sur le postulat, inavoué parce qu'inavouable, que tous les élèves doivent être soumis aux mêmes méthodes; si cela ne leur réussit pas, tant pis pour eux. Ce système était possible et supportable en un temps où il fallait peu de bacheliers. Les chanceux devenaient alors avocats, médecins, professeurs ou polytechniciens, il en fallait peu, tout était pour le mieux. La nation pouvait s'offrir le luxe d'entretenir des lycées qui étaient surtout destinés à isoler les petits bourgeois du peuple.

L'école de tous

Aujourd'hui les études primaires sont insuffisantes. Les lycées sont devenus et seront toujours davantage l'école de tous. Il est inadmissible qu'ils accueillent toute cette population qui a un réel besoin de savoir et de formation comme ils accueillaient en 1900 une minorité de fils à papa. En ce temps-là ceux qui étaient incapables de profiter du lycée faisaient partie de son folklore: le cancre était un sous-produit normal de l'enseignement. Celui-ci, en 1970, en fabrique davantage, ce qui est triplement catastrophique: pour eux, pour l'enseignement, pour le pays.

30% des élèves sont nuls

En sept ans de lycée un élève coûte environ 2 millions d'anciens francs. Il ne s'agit pas de chasser les cancres parce qu'ils sont chers mais de les récupérer. Mais certains professeurs affirment tranquillement que quelle que soit la discipline il y a dans chaque classe une répartition égale: 30% des élèves sont bons, 30% moyens et 30% nuls.

Des structures dépassées

Lorsqu'on parle de détruire les structures scolaires dépassées et de les remplacer par des formules plus souples qui tiennent compte du fait que, surtout si on veut les amener aux mêmes buts, les jeunes Français ont besoin d'un traitement différencié, les communistes, les syndicalistes et les gauchistes répondent que tout système différencié défavorise les enfants originaires d'un milieu modeste et consolide par conséquent les inégalités. On n'a, en France, jamais fait systématiquement la preuve ni de cela, ni de la thèse contraire. Ce qu'on observe c'est que le système théoriquement égalitaire que nous avons mène à une sélection irréversible: les enfants pour qui le lycée n'est pas fait n'y viennent pas, n'y restent pas, ou en sortent transformés en ratés.

Le malaise scolaire

En mars 71, sur 2258 établissements secondaires en France, 15 étaient en grève pour des raisons diverses: révolte contre une discipline jugée arbitraire, mauvais état des installations, le caractère « répressif » des administrations des lycées. A la base, le « malaise scolaire ». Il existe partout, même dans les lycées les plus calmes. Il est fait de l'ennui né des cours magistraux encore trop nombreux, de la très grande passivité de l'élève prisonnier d'une pédagogie traditionaliste, de la nécessité d'obéir à une autorité qui s'est affaiblie sans disparaître tout à fait, de l'absence d'activité physique, de la séparation de la vie scolaire et de la vie sociale, de la conscience des difficultés qu'il y a aujourd'hui, pour beaucoup de jeunes, à trouver du travail.

Opinions

M. Pompidou, Président de la République:

« Il est temps de mettre fin à la violence dans la rue et de rétablir la discipline dans les lycées. L'autorité des chefs d'établissement, la dignité des enseignants, l'avenir des enfants sont également intéressés à l'action qui doit être menée dans ce sens avec la participation de tous et l'appui indispensable des parents. »

Olivier Guichard, Ministre de l'Education Nationale:

« L'enseignement est un milieu vivant qui, bien évidemment, ne peut aller sans une constante réflexion sur ses objectifs et ses méthodes, et aujourd'hui moins encore que jamais. Mais l'époque est telle que l'enseignement doit veiller à ne pas ajouter, par ses interrogations et ses remises en question, aux difficultés des adolescents et de leurs parents. »

Georges Vincent, sociologue:

« Le malaise éprouvé dans le milieu

GEORGES POMPIDOU

lycées. Ils réclament des programmes et des méthodes adaptés à leurs besoins, leur niveau, aux conditions de travail, aux circonstances locales. Et surtout ils demandent à être consultés. . . »

Un jeune professeur de lettres à Paris:

« Il y a chez les lycéens une inquiétude, une angoisse que beaucoup imaginent mal. Les professeurs devraient être des psychanalystes. Ce qui passionne le plus les élèves, c'est de se connaître, de définir leurs positions politiques, sociales, familiales, de trouver leur place. »

Les lycéens en grève de St-Brieuc:

« Nous voulons la fin de la répression, un équilibre normal entre les loisirs et le travail. Nous voulons être informés de ce qui se passe à l'extérieur du lycée. Ne serons-nous pas inadaptés par rapport à ce monde quand nous aurons terminé notre scolarité? »

Où est la solution?

Il n'y a pas de solution-miracle au malaise scolaire. On peut, bien sûr, s'occuper des apparences: ouvrir les portes, changer le nom des surveillants généraux, autoriser les affiches politiques, accepter les lycéens dans les conseils d'administration, changer la loi, assouplir la règle et même rénover la pédagogie. Les solutions—lycéens et professeurs le savent, sont ailleurs. Les changements nécessaires vont bien au-delà de l'Université entière. Ce que les lycéens veulent changer, consciemment ou non, ce n'est pas leur éphémère vie scolaire, c'est la vie tout court.

scolaire a préparé les élèves à ressentir celui de la société globale. Et parce que celle-ci leur a paru scandaleuse, leur vie scolaire, par un transfert en retour, leur a semblé insupportable. C'est pourquoi ils partageront leurs activités entre la réforme sociale et la réforme scolaire. »

Robert Bréchon, proviseur:

« Les élèves n'acceptent plus d'être traités comme une masse anonyme. . . à qui on propose des méthodes et des programmes universels, valables par exemple pour tous les élèves de 1ère de tous les

ODÉON

LYCÉE BUFFON

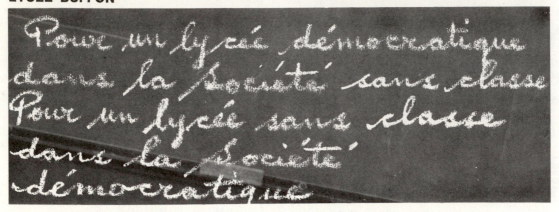

REPÈRES

Lycée: A French high school, entirely oriented toward preparing students to enter the universities. The student enters in the 6th grade (11 years old) and progresses through a rather strict curriculum with few electives. After seven years he takes a comprehensive exam, the "baccalauréat"; if he passes, he has the title "bachelier." This exam is required to enter any university.

Surveillant général: An administrator, much like an assistant principal, in charge of "law and order" in a "lycée."

Le lycée de papa: The "lycée" as it was when the generation now in power was in school. The expression therefore connotes conservatism.

Études primaires / études secondaires: A child can enter nursery school at the age of 2 (''école maternelle''). School becomes compulsory, however, at the age of 6; the child attends ''l'école primaire'' (elementary school) until he is 11. From 11 to 16–18, he attends a ''CEG'' or a ''lycée,'' which comprises the ''enseignement secondaire.'' Reforms in the system have been numerous, and currently the ''enseignement secondaire'' offers a wide variety of options and orientations. This part of the educational system is the most difficult to describe and to assess at the present time. It changes from year to year, sometimes painfully. Most Frenchmen believe that these reforms have succeeded in changing the old system, but a new system adapted to the needs of contemporary society has not yet been developed. ''The reform of education'' is a popular topic of conversation in France. Maybe this explains the difficulties in finding a satisfactory alternative to the present system: it is hard to have 50 million experts agree on anything!

Polytechnicien: A student or alumnus of ''l'Ecole Polytechnique,'' the most prestigious institution of higher education in France. This school was founded in 1794 to provide high-level scientific training. Under the authority of the Minister of Defense, it reflects certain characteristics of army life: the students live at the school for two years and wear uniforms. Until recently ''l'Ecole Polytechnique'' accepted only young men. It opened its doors to women for the first time in 1972; one of the two young women placed first in the competitive entrance examination. A special uniform had to be designed for her and for her schoolmate, a Vietnamese girl accepted under a special arrangement ''à titre étranger'' (that is, as a foreigner).

Êtes-vous bien informé?

1. Dans le système scolaire français:

    a) les méthodes et les programmes sont les mêmes pour tous les élèves

    b) l'enseignement des lycées est adapté surtout aux besoins de la classe bourgeoise

    c) le proviseur est responsable de la discipline

    d) un élève coûte à l'État environ 200.000 francs pendant sa scolarité

2. Parmi les raisons du malaise de l'enseignement il y a:

   a) le manque de bons professeurs dans toutes les disciplines

   b) la rigidité de structures dépassées et mal adaptées à la diversité sociale des élèves

   c) le nombre insuffisant des lycées dans l'ensemble du pays par rapport à l'augmentation de la population scolaire

   d) la présence de nombreux cancres dans chaque classe

3. D'après cet article, un système d'enseignement unique et indifférencié:

   a) donne des chances égales aux fils de bourgeois et aux fils d'ouvriers

   b) rejette en fait les enfants pour qui il n'a pas été fait

   c) reçoit l'appui des communistes et des gauchistes

   d) n'est égalitaire qu'en théorie

4. Le ministre de l'Education Nationale pense:

   a) qu'il faut imposer une stricte discipline dans les établissements scolaires

   b) que les élèves doivent participer aux décisions administratives et s'intéresser à la réforme scolaire

   c) que l'enseignement ne doit pas contribuer aux difficultés des élèves et des parents

   d) que les méthodes doivent être adaptées aux différents besoins et niveaux des élèves

5. Les propositions suivantes offrent des solutions vraiment fondamentales au problème scolaire:

   a) accepter les lycéens dans les conseils d'administration des écoles

   b) changer la vie dans la société toute entière

   c) donner un salaire à tous les lycéens pendant la durée de leurs études

   d) changer la loi qui détermine la durée obligatoire de la scolarité

Interprétation

List briefly the causes of the crisis in French education, the diagnoses offered by the different individuals cited here, and the superficial as well as basic changes—physical, psychological, pedagogical, etc.—that would be needed to make the system satisfactory, according to the author of this article.

Re-création

French educators often view American high schools as models of mass education. Americans, however, often think that their schools should be changed. Describe the problems of the high school today and suggest where and how changes should be made.

or: Describe your experiences in high school and weigh the advantages and disadvantages of the system as they affected you.

or: What, in your opinion, would be the ideal way to educate young people? What should be the goals, methods, and program? What physical arrangement and setting do you consider most conducive to a good education?

SENS

Noms

appui (m.) $=$ *support*
avenir (m.) $=$ *future*
avocat (m.) $=$ *lawyer*
bachelier (m.): *a student who has passed the difficult examination at the end of high school ("lycée") called "le bachot" or "le baccalauréat"*
cancre (m.): *a student who is turned off by school and who does not study*
caractère (m.) $=$ *characteristic, nature*

chanceux (m.) = *lucky one*

conditions (f.p.) **de travail** (m.) = *working conditions*

conseil (m.) **d'administration** (f.) = *administrative board*

cours (m.) = *course, class;* cours magistral = *lecture*

discipline (f.) = *subject; also: discipline, obedience to rules and authority*

ennui (m.) = *boredom*

équilibre (m.) = *balance*

état (m.) = *shape; state*

études (f.p.) = *studies;* études primaires = *grade-school education*

gauchiste (m.) = *leftist*

grève (f.) = *strike*

inégalité (f.) = *inequality*

inquiétude (f.) = *anxiety, concern*

installation (f.) = *plant, equipment*

lycée (m.) = *high school*

lycéen (m.) = *high school student*

malaise (m.) = *unease*

mars (m.) = *March*

papa (m.) = *daddy;* fils à papa = *daddy's boy, spoiled child;* le lycée de papa = *conservative, old-fashioned school system*

polytechnicien (m.): *student in the top engineering school called "l'Ecole Polytechnique"*

porte (f.) = *door*

proviseur (m.) = *principal in a* lycée

raison (f.) = *reason*

raté (m.) = *someone who is a failure*

réflexion (f.) = *thought*

remise (f.) **en question** (f.) = *reappraisal*

savoir (m.) = *knowledge*

scolarité (f.): *time spent in the school system*

sens (m.) = *direction* (f.)

sous-produit (m.) = *by-product*

surveillant (m.): *someone in charge of discipline in the schools*

syndicaliste (m.) = *union man*

transfert (m.) **en retour** (m.) = *backlash*

travail (m.): *work; here, job*

Verbes

accueillir = *to welcome*

affaiblir (s') = *to get weaker*
amener = *to bring*
assouplir = *to make more flexible*
chasser = *to chase away, to send away*
consolider = *to strengthen*
défavoriser = *to discriminate against*
entretenir = *to support, to maintain*
fallait (inf.: falloir = *to be necessary*) 3ème pers. s. imp.; il fallait des bacheliers = "bacheliers" *were needed*

mener = *to lead*
obéir = *to obey*
parler = *to talk, to speak*
partager = *to share*
paru (inf.: paraître = *to appear*) part. passé
réclamer = *to demand, to clamor for*
récupérer = *to retrieve*
rénover = *to rejuvenate*
ressentir = *to feel*
rétablir = *to restore*
sembler = *to seem*
tenir compte de = *to take into consideration*
traité (inf.: traiter = *to treat*) part. passé
veiller à = *to be careful to*
viennent (inf.: venir = *to come*) 3ème pers. p. présent
voulons (inf.: vouloir = *to want*) 1ère pers. p. présent

Adjectifs

ancien = *ancient, old;* ancien franc: *former currency equivalent to 1% of the new one*
clos = *closed, shut*
constant = *unceasing*
contraire = *opposite*
dépassé = *outgrown, outmoded*
destiné = *destined; designed, intended*
égalitaire = *equalitarian*
éprouvé = *felt*
inavouable = *unavowable, that cannot be revealed, shameful*
inavoué = *unavowed, unconfessed*
insuffisant = *insufficient*
insupportable = *unbearable*
intéressé = *concerned*

magistral = *masterful;* cours magistral: *lecture given by a professor where no discussion or questions are invited*

né (de) = *born (of)*

nul = *very weak, worthless*

originaire de = *coming from*

primaire = *primary;* études primaires = *grade-school education*

sept: 7

soumis = *subject, subjected*

supportable = *bearable*

tel = *such*

traditionaliste: *faithful to old traditions, customs*

valable = *valid*

Adverbes

alors = *then*

consciemment = *consciously*

davantage = *more*

évidemment = *evidently*

mal = *here: with difficulty*

tranquillement = *quietly*

triplement = *thrice*

Locutions et expressions

au-delà de = *beyond*

il s'agit de = *it is a question (matter) of . . .*

par conséquent = *consequently*

par rapport à = *in relationship to, for*

quelle que soit = *whatever*

tant pis = *too bad*

la vie, tout court = *life, period*

LA FRANCE DE CUCUGNAN

130 habitants, le vin, la télévision

Cucugnan est une toute petite commune viticole à 65 km. de Narbonne, 50 de la mer, 100 de Carcassonne. Pour y arriver il faut rouler sur des routes étroites, sinueuses, cabossées, entre les vignes et les collines pierreuses, les montagnes sèches au soleil, avec l'odeur du thym, et des cyprès partout. Brusquement, sur une colline haute de 350 m. on aperçoit quelques dizaines de maisons aux tuiles rouges, serrées les unes contre les autres, toutes tournées vers le soleil.

La rue

Il n'y a qu'une seule rue à Cucugnan; elle monte sur la colline; quelques escaliers à droite et à gauche. L'ombre y est fraîche. La rue commence parmi les oliviers; elle passe devant la cave coopérative viticole. Le président de la cave s'appelle Jules. Il est aussi boucher. Le secrétaire comptable de la cave c'est Marcel Villa. Il est poète-vigneron-épicier-restaurateur. Il parle en faisant des gestes des mains et

des bras. Il a l'habitude de dire: « Excusez-moi si je parle en faisant des vers » même quand il parle en prose. En haut de la rue, après la poste, la mairie et l'école, il y a à droite l'épicerie Villa et à gauche le café-restaurant Villa.

Les morts

Puis la rue devient une place et finit là, devant l'église. En bas on aperçoit le cimetière. Il est tout petit, tout blanc, entouré de cyprès. A Cucugnan il n'y a pas beaucoup de naissances mais il y a beaucoup de morts. Le village est en train de mourir tout doucement au soleil. Il y a cinquante ans il avait atteint son maximum: 350 habitants. Depuis ça diminue. Aujourd'hui il y a une trentaine de feux, 130 habitants environ.

Les gosses

Il n'y a pas beaucoup de gosses. Une quinzaine à l'école. La nouvelle institutrice a épousé un des propriétaires du village. Il n'y a pas non plus beaucoup de jeunes. Ils sont quatre ou cinq de vingt à vingt-cinq ans. Ils ne pourront peut-être pas rester ici. A moins qu'il y ait des vignes à vendre. Les jeunes attendent la mort des vieux. Ou ils partent chercher du travail ailleurs. Et puis il n'y a pas de fille: pas une seule à marier.

Le travail

Le travail, c'est la vigne. A la bonne saison on y va à sept heures du matin. Vers 9–10 heures, on casse une croûte, et à midi on remonte manger au village. On cause sur la place des Platanes, puis c'est

de nouveau la vigne. Le soir, on monte au café Villa. On joue à la belote, on cause.

Le temps

Ici, avant tout, on parle du temps. Du temps qu'il fait aujourd'hui et du temps qu'il va faire demain. Lorsque les hommes entrent au café Villa, la première chose qu'ils disent après avoir salué la compagnie: « On va vers la pluie » ou bien « alors, il y aura la pluie demain? ». Le samedi soir, quand ils jouent à la belote, on entend les jeunes dire qu'il serait bon qu'il pleuve jusqu'à cinq heures du matin, et qu'après, la pêche serait bonne.

Les loisirs

Les loisirs, c'est la pêche, dans la petite rivière où l'on attrape des truites, et la chasse aux sangliers. Parfois aussi, on va au rugby à Perpignan. Ou bien on prend la camionnette pour aller voir la mer. Mais on ne peut jamais rester longtemps en vacances. Parce que s'il y a un orage, il faut sulfater les vignes le plus tôt possible et ce n'est pas possible si on est en vacances en Espagne.

La fête

Il y a la fête du village. Autrefois elle était magnifique. C'étaient les vendanges. On travaillait dur le jour. On rigolait quand même, on se barbouillait de raisin avant d'embrasser les filles. Le soir on rigolait encore plus, on allait au bal, on dansait . . . on allait faire l'amour dans les garrigues et pour bien des jeunes, c'étaient les premières amours. Cela a un peu changé: au moment des vendanges la population triple. Ce sont surtout des Espagnols qui viennent. Ils ne se mêlent pas beaucoup à la population du village. On rigole beaucoup moins.

La télévision

Aujourd'hui, surtout, il y a la télévision . . . ça c'est quelque chose! La première chaîne est arrivée il y a trois ou quatre ans. Aujourd'hui, Cucugnan est assis devant la télévision. Sur une trentaine de foyers, il y a 25 postes et les autres vont l'acheter bientôt. La télé a bouleversé la vie du village. Avant il y avait cinéma dans la salle des Fêtes. C'est fini. Maintenant il y a une télé. Le centre du café s'est déplacé. Plutôt, il y a deux centres: la longue salle où l'on joue à la belote, et puis la cuisine. Maintenant, quand les gens entrent au café, ils filent aussitôt sur la gauche, vers la télé, dans la cuisine.

Le curé

Le curé de Cucugnan habite à Tuchan à 15 km. Il est doux, timide, il a les mains blanches. Les Cucugnanais l'aiment bien. Ils n'imaginent pas un village, même anti-clérical, sans un curé. Le curé vient dire la messe une fois par mois. A part quelques femmes, personne n'y va. Mais on attend le curé au bistrot quand il a fini de sonner les cloches. Et on parle.

Le maire

Pierrot, le maire, est socialiste. Il le dit. En principe, Cucugnan est aux deux tiers socialiste. Mais, comme ils disent, ça dépend d'où vient le vent. Le Parti so-

cialiste leur reproche de s'être laissé griser par le vent gaulliste qui soufflait de la sous-préfecture de Narbonne. Il y a eu des éclats de voix.

Le progrès

L'autre soir, au café Villa, on a parlé longuement du progrès économique. Il y avait le curé, le maire, un adjoint, Marcel et puis des tas de gens qui jouaient à la belote, allaient à la cuisine voir la télé, revenaient causer . . . Le curé était affolé par l'accélération de l'histoire, les bouleversements du monde moderne, se demandait où on allait. Pierrot disait que c'était la vie, que c'était les vieux qui bloquaient tout et que les politiciens ne faisaient rien. Marcel en s'excusant de faire des vers disait que le progrès engendrait le progrès, que ça créait de plus en plus de besoins qui n'étaient pas satisfaits . . . Le père Mounier, gros propriétaire de vignes et travailleur infatigable, a dit alors: « Il faut penser aux jeunes. »

L'avenir

Mais un nouveau Cucugnan va naître. Une conférence de presse donnée par le sous-préfet et le maire a rendu la chose officielle. Un plan d'aménagement a été dressé: « remodelage » du village, création d'un lotissement résidentiel, plan d'eau, restauration des maisons en ruines, implantation d'un réseau de voirie, réfection de l'adduction d'eau et du réseau électrique, création d'un hôtel-restaurant avec vue panoramique, terrasses, soixante-cinq places . . . Voilà Cucugnan saisi par le progrès!

SORBONNE

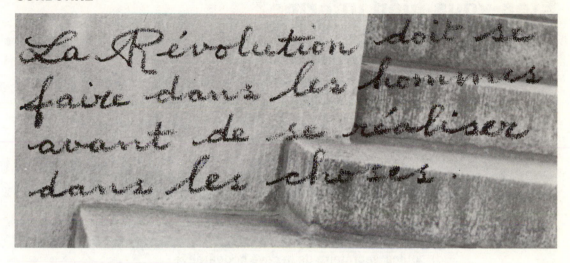

La Révolution doit se faire dans les hommes avant de se réaliser dans les choses.

REPÈRES

Fille à marier: Girl ready to get married.   Today small agricultural communities face a serious problem.   Girls do not want to spend their lives on the farm, so they go to work in the nearby towns.   The young farmer or wine-grower has difficulties finding a wife.   Often he ends up working in a factory, as well.

Maire: The mayor of a French town is a representative of the community (he is elected by the municipal council) and a representative of the government.   This is why he teams up with the "sous-préfet" (direct representative of the government in the canton) to give a press conference to announce the improvements which are going to be made with government money.

Instituteur / curé: The elementary-school teacher (appointed by the government) and the parish priest are the two ideological poles of any French village.   The teacher has traditionally stood for the liberal left, with its anticlerical sentiments and its idea of freedom of conscience.   The priest represents the Church: that is, conservatism.   Very often the "instituteur" also functions as secretary (town clerk) in the town hall.

Êtes-vous bien informé?

1. Les habitants de Cucugnan ont sous les yeux:

   a) les pierres des collines et des montagnes

   b) les vagues de la mer

   c) des vignobles

   d) des pins et des cyprès

2. Parmi les habitants de Cucugnan il y a:

   a) le restaurateur et poète Marcel Villa

   b) le curé

   c) l'instituteur

   d) Jules, secrétaire de la cave coopérative

3. A propos de la population de Cucugnan on peut dire:

   a) qu'il y a environ 4,33 personnes par foyer

   b) que le taux des naissances est inférieur au taux des morts

   c) que les jeunes trouvent du travail au village

   d) que la population augmente brusquement pendant la saison des vendanges

4. Les distractions préférées des Cucugnanais sont:

   a) la conversation

   b) le cinéma

   c) la belote

   d) la pratique du rugby

5. Les habitudes, attitudes ou opinions suivantes caractérisent les Cucugnanais:

   a) les hommes ne vont pas à l'église, les enfants non plus

   b) beaucoup d'entre eux se méfient du progrès

   c) leurs opinions politiques sont influencées par les pressions de la sous-préfecture

   d) ils s'amusent moins bien qu'autrefois

Interprétation

List the attractions and shortcomings of Cucugnan for an American tourist

or: for a young man born and raised there.

Re-création

Describe your home town or neighborhood. Discuss the people's occupations, opinions, problems, and hopes in the same way as for Cucugnan.

or: Describe your friends and family, i.e., the social environment you know best.

SENS

Noms

adduction (f.) **d'eau** (f.) = *the system bringing water to a town*
adjoint (m.) = *deputy-mayor*
aménagement (m.) = *installation, arrangement*
bal (m.) = *ball, dance*
bas (m.) = *the lower part;* en bas = *below*
belote (f.) = *card game*
bistrot (m.) = *bar, pub*
boucher (m.) = *butcher*
bouleversement (m.) = *upheaval, confusion*
bras (m.) = *arm*
camionnette (f.) = *pickup truck*
chaîne (f.) = *channel*
cimetière (m.) = *cemetery*
cloche (f.) = *bell*
colline (f.) = *hill*
comptable (m.) = *accountant*
croûte (f.) = *crust;* casser la croûte = *to break bread, to have a snack*

Cucugnanais : Cucugnan   ::   Parisien : Paris
curé (m.)   =   *parish priest*
dizaine (f.)   =   *about ten*
droite (f.)   =   *right;* à droite   =   *on the right*
eau (f.)   =   *water*
éclat (m.)   =   *burst, uproar;* éclat de voix   =   *loud shout*
épicerie (f.)   =   *grocery store*
épicier (m.)   =   *grocer*
escalier (m.)   =   *stairs, steps*
Espagnol : Espagne   ::   Français : France
fête (f.)   =   *feast, celebration*
feu (m.)   =   *fire*
foyer (m.)   =   *hearth; also: home*
garrigue (f.): *dry moor with rocks and bushes*
gauche (f.)   =   *left;* à gauche   =   *on the left*
geste (m.)   =   *gesture*
gosse (m.): enfant (familier)
habitude (f.)   =   *habit;* avoir l'habitude de   =   *to be used to*
instituteur (m.)   =   *grade-school teacher;* institutrice (f.)
lotissement (m.): *parceling out for land development*
maire (m.)   =   *mayor*
mairie (f.)   =   *city hall*
matin (m.)   =   *morning*
mer (f.)   =   *sea*
messe (f.)   =   *mass*
montagne (f.)   =   *mountain*
odeur (f.)   =   *smell*
olivier (m.)   =   *olive tree*
orage (m.)   =   *storm*
pêche (f.)   =   *fishing*
place (f.)   =   *square*
plan (m.)   =   *blueprint; plane;* plan d'eau   =   *small body of water*
platane (m.): *plane tree, resembling a sycamore and used for shade in southern towns*
pluie (f.)   =   *rain*
poste (m.)   =   *set*
poste (f.)   =   *post office*
propriétaire (m.)   =   *owner;* gros propriétaire   =   *owner of extensive properties*
quinzaine (f.)   =   *about fifteen*
réfection (f.)   =   *repairs*
remodelage (m.)   =   *remodeling*
réseau (m.)   =   *network*

restaurateur (m.): *owner or manager of a restaurant*
restauration (f.) = *restoring, rebuilding in the original form*
rivière (f.) = *river, stream*
sanglier (m.) = *boar*
sous-préfecture (f.): *administrative region like a county*
sous-préfet (m.): *a civil servant appointed to head a "sous-préfecture"*
terrasse (f.) = *terrace*
thym (m.) = *thyme*
tiers (m.) = *third*
travailleur (m.) = *worker*
trentaine (f.) = *about thirty*
truite (f.) = *trout*
tuile (f.) = *tile*
vendange (f.) = *grape harvest*
vers (m.) = *verse*
voirie (f.): *(system of) roads and streets*
voix (f.) = *voice;* éclat de voix = *loud shout*

Verbes

apercevoir = *to catch sight of*
attendre = *to wait for*
attraper = *to catch*
barbouiller (se) = *to smear oneself*
bloquer = *to block*
bouleverser = *to overturn, to change completely*
casser = *to break;* casser la croûte = *to snack*
causer = *to converse*
danser = *to dance*
déplacer (se) = *to change place*
dresser = *to lay out*
embrasser = *to kiss*
entendre = *to hear*
entrer = *to enter; to come, go in*
épouser = *to marry*
filer = *to take leave, to slip away* (familier)
griser (se): *to get tipsy, to lose one's head;* se laisser griser = *to let oneself be carried away*
mêler (se) = *to mix*
monter = *to go up*
mourir = *to die*
naître = *to be born*

pleuvoir = *to rain*
rendre = *to give back;* rendre la chose difficile = *to make things difficult*
reprocher = *to reproach*
rigoler = *to laugh, to have fun* (familier)
saluer = *to greet*
sonner = *to ring*
souffler = *to blow*
sulfater = *to treat with copper sulfate*
tripler = *to triple*

Adjectifs

affolé = *panic-stricken*
anticlérical: *against the Church and the Clergy*
cabossé = *bumpy*
cinquante: 50
coopérative (f.): *administrated by an association of people who use the facilities and share the responsibilities and the benefits equally*
doux = *sweet; also: soft*
gros = *big*
infatigable = *indefatigable*
pierreux = *stony*
résidentiel: *zoned for private housing*
rouge = *red*
saisi = *seized*
sec = *dry;* sèche (f.)
serré = *squeezed*
sinueux = *sinuous, winding*
soixante: 60
tourné = *turned*
viticole: *pertaining to the production of wine*

Adverbes

aussitôt = *immediately*
demain = *tomorrow*
doucement = *slowly*
ici = *here*
plutôt = *rather*

tout/toute + adj./adv. = *quite, very;* toute petite = *quite small;*
tout doucement = *very slowly*

Locutions et expressions

à moins que = *unless*
de nouveau = *once again*
des tas de = *lots of* (familier)

HYPERMARCHÉS: CATHÉDRALES DE LA CONSOMMATION

Commerce à l'américaine

Ouvert il y a quelques jours, le complexe commercial de Parly II marque une nouvelle étape de la révolution à l'américaine qui est en train de bouleverser le système de distribution français. Parly II est en effet le plus grand ensemble de vente au détail européen.

Parly II représente une innovation complète par rapport aux supermarchés de type classique dépendant d'une seule société: on y trouve réunies des firmes concurrentes comme le Printemps et le BHV, des filiales de chaînes commerciales spécialisées (chaussures, textiles, etc. . . .) et même de petits commerçants indépendants.

Les difficultés des petits commerces

Au 1er juillet 1970 on comptait en France 1.700 centres commerciaux sur grande surface dont 313 supermarchés et 46 hypermarchés ouverts en 1969.

La concentration commerciale se développe rapidement au détriment du petit commerce traditionnel. Dans le nord, l'ouest et le centre, de nombreux magasins ont dû fermer. Les épiciers et les marchands de vêtements sont les plus touchés. Ils sont victimes de la transformation du commerce français dans les 10 dernières années.

Un cas exemplaire: Rennes

À Rennes, qui attirait les clients des bourgs et des villages surtout les jours de marché, cela ne va pas pour les « petits » et ils se plaignent.

Un tailleur dit: « Je fais cinq costumes par an. Autrefois, j'en faisais cent. » « On végète » soupire un marchand de vêtements. Un marchand de biens confirme: « En dix-huit mois, un fonds de boulangerie est passé de 60.000 à 40.000 Francs; un magasin de nouveautés, de 70.000 à 45.000 Francs; encore heureux, s'ils trouvent preneur. »

L'hypermarché draine la clientèle

Tous accusent de leur ruine l'hypermarché Montréal, qui s'est installé, en août, sur la route de Rennes à St-Malo. « J'étais ouvrier boucher-charcutier, raconte M. Yves Guillou, 40 ans. J'ai épousé une fille de fermiers, acheté un fonds de boucherie. En travaillant dur, de 5 heures du matin à 20 heures avec ma femme on a bien gagné notre vie. J'ai fait construire une rôtisserie. Mais avec le Montréal la boucherie va perdre de sa valeur. Je vois tous les jours le nombre de clients diminuer. Mon chiffre d'affaire a baissé de 20%. »

Les clients fidèles

M. Pierre Frin et sa femme Alice sont encore plus pessimistes. Ils ont acheté en s'endettant deux fonds de commerce, des libres services d'épicerie: « Les jours qui ont suivi l'ouverture du Montréal, on a fait 50% de nos ventes. Des clients fidèles viennent encore, pour ne pas nous faire de peine. Mais ils achètent pour 5 ou 7 Francs. Le gros des achats, ils le font là-bas. Si ça continue, je ferai, cette année, 40% de moins de chiffre d'affaires que l'année dernière. Et mon fonds est perdu. Qui voulez-vous qui aille acheter ça, à la porte d'un hypermarché? »

S'adapter au monde changeant

À St-Malo, un commerçant jeune et heureux, M. Daniel Pouillou, 22 ans, a su s'adapter; il s'est lancé dans une spécialité bien française, les « beurre, œufs et fromages ». « J'ai compris tout de suite qu'il fallait me spécialiser, raconte-t-il, j'ai supprimé les conserves et je ne fais que des produits naturels, appréciés par ceux qui en ont assez du tout-emballé. » Les clients reviennent et il se dit très satisfait.

Les coopératives

Les commerçants de détail, regroupés, soit en coopératives, soit en « chaînes volontaires » qui les associent à un grossiste, ne sont encore, en France, que 50.000 environ. C'est bien peu, en comparaison de l'Allemagne ou de la Suède. Ces deux formules procurent cependant aux « petits » les atouts des « gros »: achats groupés, promotion des ventes, techniques modernes de gestion, possibilité de financement.

Les K-store

A Grenoble, M. Michel Gaubert, 35 ans, a lancé il y a trois ans une expérience originale. Il va recommencer sur une plus vaste échelle et va ouvrir, le mois prochain, le plus grand magasin collectif de commerçants indépendants existant en France: le K-store.

En plein centre de Grenoble, sur une surface totale de 10.500 m² le K-store est la réunion de 35 commerces et entreprises de service. Entre eux, pas de cloisonnement physique: le client passe d'une boutique à l'autre sans s'en rendre compte.

Le sourire du patron

Pas de cloison non plus dans la politique commerciale: chaque commerçant est indépendant dans sa gestion mais soumis à un politique commerciale commune. A la tête du groupement, un industriel grenoblois, M. Daniel Souweine explique: « Il

s'agira de nous envoyer des clients les uns aux autres. Ce sera un grand magasin avec les avantages des petits: le sourire du patron en prime à tout acheteur. »

Des crêpes et des glaces

M. Marius Zani, 49 ans, retraité de la police, était représentant en vins de Bourgogne. Sa femme vendait des glaces place Grenette, à Grenoble. Un jour, il lit un article sur le futur magasin collectif. « J'ai pensé que c'était la solution idéale. » Pour 30.000 Francs, il a acquis le droit d'exploiter 9 m². Avec sa femme, il vendra des crêpes en hiver, des glaces en été. « Pour nous, c'est la sécurité contre les grands magasins » conclut-il.

Baisse des prix

Toute création de nouveaux géants de la distribution suscite des difficultés parmi les petits commerçants. Mais elle apporte aussi à tous les consommateurs une baisse des prix qui vont de 5% à 15%. Les Français le savent: selon l'IFOP, 60% des clients assidus des supermarchés y vont parce que c'est moins cher.

En vidant son chariot dans le coffre de sa 4L, dans le parking du Carrefour de Créteil, une ménagère explique: « Pour moi, ce qui est important, c'est d'acheter à bon marché. Si le magasin est chic, tant mieux, mais le chic n'a rien à faire dans mon carnet de comptes. »

La commerce de masse: nécessité de la vie moderne

Une enquête réalisée auprès de 1631 personnes appartenant à toutes les catégories socio-professionnelles, a montré que 83% d'entre elles considèrent les grandes surfaces de vente comme une nécessité de la vie moderne qui a pour mérite principal de faire baisser les prix.

Cependant la France ne possède encore qu'un supermarché pour 47.000 habitants, alors qu'on en compte un pour 27.000 en Suisse, un pour 13.000 en Suède. Le petit commerce n'est pas encore mort.

ODÉON

Êtes-vous des consommateurs ou bien des participants?

SORBONNE

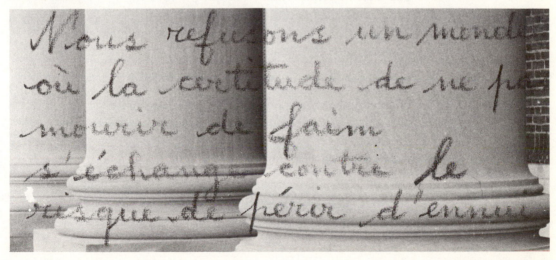

Nous refusons un monde où la certitude de ne pas mourir de faim s'échange contre le risque de périr d'ennui

REPÈRES

Le Printemps: Well-known, fashionable department store in Paris.

BHV: Bazar de l'Hôtel de Ville, a department store in Paris near the City Hall. It is famous for its hardware department, but not very elegant.

Carrefour: Chain of discount stores, selling both food and other goods.

Parly II: Housing development on the outskirts of Paris, near Versailles. It is large, modern, and chic and boasts one of the most elegant shopping centers in France. The new development was at first called Paris II, but after a number of protests the name was changed to Parly II. There is, however, no Parly I.

Grenoble: Large industrial city in the Alps. It is a very dynamic city and is growing very fast.

Êtes-vous bien informé?

1. Le complexe commercial de Parly II:
    a) est le plus grand ensemble européen de son type
    b) copie les supermarchés classiques
    c) est soumis à la gestion d'une seule société
    d) comprend des filiales de chaînes commerciales et des commerçants indépendants

2. Les petits commerces ont des difficultés parce que:
    a) l'évolution va vers la concentration commerciale
    b) ils vendent leur marchandise plus cher que les supermarchés
    c) leurs produits sont moins bons que ceux des hypermarchés
    d) il est impossible de trouver un parking à leur porte

3. Certains commerçants se plaignent parce que:
    a) les clients sont de moins en moins nombreux

      b)   leur fonds de commerce n'a plus de valeur

      c)   leur chiffre d'affaire diminue

      d)   ils sont obligés de supprimer la vente des conserves

4.   Le regroupement des commerces de détail présente les avantages suivants:

      a)   tous les achats se font en commun

      b)   la gestion est plus moderne

      c)   certaines techniques sont employées pour favoriser les ventes

      d)   les magasins sont plus chics

5.   Ce qui est agréable dans les K-store c'est que:

      a)   on passe facilement d'une boutique à l'autre

      b)   on peut y trouver des glaces en hiver

      c)   tout client y reçoit en prime un sourire du patron

      d)   le petit commerçant qui en fait partie se sent en sécurité

Interprétation

What differences are there, according to the text, between a small independent store, a supermarket, and a "hypermarché"? What benefits and drawbacks does each type hold for the individual merchant?

Re-création

In America, some groups have shown a revived interest in handicrafts —pottery, jewelry, weaving, and the like—and in home baking and preserving, organic foods, and so on. Compare this trend with the mass production and marketing found in chain stores and discuss the attitudes behind these two different ways of producing, marketing, and buying.

SENS

Noms

atout (m.)   =   *trump card; here, advantage*
beurre (m.)   =   *butter*
BHV: Bazar de l'Hôtel de Ville: *a big department store in the center of Paris*
bien (m.)   =   *good;* les biens (p.)   =   *real estate*
boucherie (f.)   =   *butcher shop*
boulangerie (f.)   =   *bakery*
bourg (m.)   =   *small town*
carnet (m.)   =   *notebook;* carnet de comptes: *notebook used to record household expenses*
carrefour (m.)   =   *intersection, crossroad;* Carrefour: *name of chain stores similar to Kresge or K-mart*
cas (m.)   =   *case*
chaîne (f.)   =   *chain*
charcutier (m.): *butcher who deals in pork and pork by-products*
chaussure (m.)   =   *shoe*
chiffre   (m.)   =   *number;* chiffre   d'affaires   =   *turnover, total amount earned over a given period*
cloison (f.)   =   *partition*
cloisonnement (m.)   =   *partitioning, separation*
coffre (m.)   =   *trunk*
compte (m.)   =   *count;* se rendre compte   =   *to realize*
conserve (f.)   =   *canned food*
crêpe (f.)   =   *thin pancake*
détail (m.)   =   *retail;* au détail   =   *(to sell goods) at retail*
détriment (m.)   =   *prejudice;* au détriment de   =   *to the prejudice of*
droit (m.)   =   *right*
échelle (f.)   =   *scale*
étape (f.)   =   *stage*
été (m.)   =   *summer*
fermier (m.)   =   *farmer*
filiale (f.)   =   *subsidiary company, branch*
financement (m.)   =   *financing*
fonds (m.)   =   *business, stock-in-trade*
fromage (m.)   =   *cheese*
gestion (f.)   =   *management*

glace (f.) = *ice cream*
gros (m.) = *bulk*
grossiste (m.) = *wholesale dealer*
hypermarché (m.): *a very big supermarket*
4L: *small Renault car*
m²: mètre carré = *square meter*
ménagère (f.) = *housewife*
nord (m.) = *north*
nouveauté (f.) = *novelty;* magasin de nouveautés: *a store selling threads, fabrics, ribbons, etc.*
œuf (m.) = *egg*
ouverture (f.) = *opening*
patron (m.) = *boss, owner*
peine (f.) = *hurt*
preneur (m.) = *taker*
prime (f.) = *bonus, free gift;* en prime = *as a free gift*
représentant (m.) = *salesman*
retraité (m.): *someone who is retired and receiving a pension*
réunion (f.) = *coming together, meeting*
rôtisserie (f.): *a shop where prepared dishes and roasts* (rôtis) *are sold*
service (m.) = *service;* libre service = *self-service*
sourire (m.) = *smile*
Suède (f.) = *Sweden*
Suisse (f.) = *Switzerland*
tailleur (m.) = *tailor*

Verbes

acquis (inf.: acquérir = *to acquire*) p. passé
appartenir = *to belong*
apporter = *to bring*
attirer = *to attract*
compris (inf.: comprendre = *to understand*) p. passé
conclure = *to conclude*
drainer = *to attract away from others*
dû (inf.: devoir) p. passé
endetter (s') = *to run into debt*
envoyer = *to send*
fermer = *to close*
lancer = *to launch;* se lancer = *to start out (in a business)*
marquer = *to mark, to denote*

perdu (inf.: perdre = *to lose*) p. passé
plaindre (se) = *to complain*
procurer = *to procure, to obtain for someone*
raconter = *to relate, to tell*
rendre compte (se) = *to realize*
soupirer = *to sigh*
su (inf.: savoir) p. passé
suivi (inf.: suivre = *to follow*) p. passé
supprimer = *to cancel, to suppress, to do away with*
susciter = *to stir up*
végéter = *to vegetate*
vider = *to empty*

Adjectifs

assidu = *assiduous, regular*
commun = *common*
concurrent = *competing, rival*
dix-huit: 18
emballé = *packaged*
grenoblois : Grenoble :: parisien : Paris
plein = *full;* plein centre = *downtown*
prochain = *next*
touché = *affected*
volontaire = *voluntary*

Adverbe

là-bas = *over there*

Préposition

auprès de = *near, next to*

Conjonction

soit . . . soit = *either . . . or*

Locutions et expressions

à l'américaine = *the American way, very efficiently*
faire de la peine = *to hurt someone's feelings*
bon marché = *inexpensive*
tant mieux = *so much the better*

QUE LISENT LES FRANÇAIS?

La lecture à St-Etienne:
statistiques

	%	Oui %	Non %
Combien de livres lisez-vous par an?			
Pour vous distraire:			
0	4		
de 1 à 5	22		
de 5 à 10	19		
de 10 à 20	20		
plus de 20	26		
Pour votre travail:			
0	21		
de 1 à 3	19		
de 3 à 6	11		
plus de 6	19		
Combien de revues avez-vous lues dans les 8 derniers jours?			
0	17		
1 ou 2	45		
plus de 2	30		
Lisez-vous le journal tous les jours?		74	25
moins de 15 minutes	36		
de 15 à 30 minutes	44		
plus de 30 minutes	20		
Avez-vous conservé vos livres d'école?		47	51

	%	Oui %	Non %
Avez-vous lu un livre le mois dernier?		58	39
Achetez-vous des livres?		67	32
Comment déterminez-vous votre choix?			
critique de journaux	22		
conseil d'amis	47		
télévision	21		
conseil du libraire	13		
étalage	28		
Raisons qui empêchent de lire:			
télévision ou radio	26		
sport	5		
travail (manque de temps)	78		
voyages, promenades	13		
divers	8		
aucune raison	6		
Quel genre de lecture faites-vous?			
livres techniques	20		
romans	64		
policiers	57		
documentaires	35		
bandes dessinées	22		

Saint-Etienne est une ville d'importance moyenne du centre de la France. Une enquête y a été faite pour essayer de déterminer le niveau de la culture vivante chez le Français moyen.

Combien de livres lisez-vous par an?

A cette question, 4% des Stéphanois ont répondu qu'ils ne lisaient jamais de livres pour se distraire ou se cultiver et 21% ne consultent jamais un ouvrage pour améliorer la connaissance de leur travail. A l'autre extrémité, 26% lisent plus de 20 livres par an. Ces pourcentages diffèrent selon la profession et l'âge.

Les cadres lisent plus que les étudiants. Ce sont les cadres supérieurs qui arrivent en tête: 38% d'entre eux lisent plus de 20 livres par an. Viennent ensuite les étudiants (34%) et, curieusement, les « gens de maison » (29%). Les patrons arrivent presqu'en queue de liste (24%) suivis par les ouvriers (18%).

On lit beaucoup de 18 à 40 ans

Les vieux sont les lecteurs les plus assidus et les plus réguliers. 30% des personnes âgées de plus de 60 ans lisent plus de 20 livres par an. On lit beaucoup de 18 à 40 ans, on réduit le rythme entre 40 et 60 ans, puis, après la retraite, on lit plus que jamais.

Lecture et loisirs des jeunes

Après les sports, la lecture est la distraction favorite des jeunes de 14 à 20 ans, surtout parmi ceux qui ont moins de 19 ans. La télévision est mentionnée très rarement; sans doute parce qu'on la regarde en famille et que les jeunes, justement, cherchent leurs loisirs hors de la famille.

Les raisons qui empêchent de lire

Les Stéphanois ont dit aussi pourquoi ils ne lisent pas davantage. Presque tous parlent du manque de temps. 34% des ouvriers disent être plus attirés par la radio et la télévision. 30% des cadres moyens préfèrent voyager ou se promener. Enfin, 15% de la population active de St-Etienne dispose d'une bibliothèque privée de 100 à 300 livres.

35 millions de Français n'ont rien à lire

La France compte à peu près 50 millions d'habitants. Or, pour un livre de qualité, être vendu à dix mille exemplaires, c'est une réussite, le premier roman d'un jeune auteur étant tiré à trois mille en

général. Donc un Français seulement sur cinq mille achète de la « bonne » littérature.

Une orgie annuelle

Une fois par an, et une seule fois, à l'occasion des prix littéraires, on observe une montée en flèche du nombre des lecteurs (ou plutôt des acheteurs). Pendant un mois, la France se livre à une sorte d'orgie; un Goncourt « vaut » de 125.000 à 450.000 lecteurs. Mais hélas, ce phénomène ne se produit qu'une fois l'an, et il y a toujours 49.500.000 Français que le Goncourt lui-même, malgré son prestige, n'intéresse pas. Comptons 10 millions d'enfants en bas âge: restent 35 à 38 millions d'irréductibles.

On « désapprend » à lire

Un si grand nombre de non-lecteurs de bonne littérature, dans un pays où l'in-

struction est gratuite et obligatoire, c'est
grave. On ne trouve que 3% d'analpha-
bètes en France parmi les enfants de douze
ans. Mais à 20 ans ils sont 17%. Autrement
dit, 14% des Français « désapprennent » à
lire, faute d'exercice.

La majorité des auteurs
sont des bourgeois

L'immense majorité des auteurs sont
des bourgeois, études secondaires ou supérieures, souvent professeurs ou journalistes
de formation, qui écrivent des romans de
bourgeois. L'employé de bureau, l'ouvrier

ne se reconnaît pas dans leurs héros, il a
l'impression qu'on lui « raconte des histoires », il est déçu. La masse refuse cette
littérature faite pour une élite et dans sa
nostalgie des belles histoires devient la
proie des marchands de bandes dessinées
et de roman-photos infantiles.

« La littérature: un truc où il faut
mettre une cravate »

Un romancier ancien taulard, Alfred
Boudard, auteur de « la Cerise » déclare:
« Pour moi, la littérature c'était un truc où
il fallait mettre une cravate, un faux-col, et

des gants blancs avant d'entrer. Et puis un jour, j'ai découvert Céline. »

Mais Céline justement n'a jamais été signalé à l'attention du grand public par aucun des jurys qui chaque année décernent les prix littéraires.

C'est la faute au Goncourt?

Les jurés du Goncourt, du Renaudot, ont eux-mêmes une cravate. L'âge moyen des membres de l'Académie Goncourt est-il responsable de son manque de dynamisme? A 73 ans sont-ils aptes à discerner le talent d'un jeune auteur? Malgré leurs efforts pour couronner des ouvrages de qualité, la distance qui les sépare des lecteurs de masse demeure.

Une affaire publicitaire

En fait, le prix Goncourt, créé en 1896 pour récompenser une œuvre jeune, originale et hardie, est devenu, surtout depuis 1945, un événement publicitaire. Les libraires commandent trois mois à l'avance des « exemplaires du Goncourt » sans savoir quel livre l'obtiendra. Les éditeurs publient le plus pour récolter le plus. Les hebdomadaires, les quotidiens, sortent souvent le lauréat de l'anonymat pour l'ex-pédier à la « une ». Puis le livre quel qu'il soit obtient environ 200.000 lecteurs, ou acheteurs. Cela fait 300 millions d'anciens francs de chiffre d'affaire brut. Puis l'oubli venu, on retrouve le livre aux Puces. Peu d'auteurs en réchappent. Mais la course aux prix continue. Il y a 1.850 prix littéraires en France. Rien de semblable en Allemagne, en Angleterre, aux Etats-Unis. Alors? Le Prix Goncourt, est-ce bon? est-ce mauvais? Comment savoir?

Le grand derby d'automne

Le 23 novembre prochain, après s'être réunis autour de multiples déjeuners, les membres de l'Académie Goncourt, au cours d'un repas fin, au restaurant Drouant, annonceront leur lauréat. Le même jour les membres du Renaudot, tous journalistes et critiques littéraires, décerneront leur prix. Quelques jours plus tard les douze femmes de lettres du Fémina voteront à leur tour et pourront donc récompenser un candidat malheureux du Goncourt.

Le Médicis et l'Interallié sont décernés le même jour. Le Médicis donnera deux prix, l'un à une œuvre française, l'autre à une œuvre étrangère traduite en français. L'Interallié est attribué à un journaliste pour son œuvre romanesque.

CENSIER

BEAUX-ARTS

REPÈRES

Goncourt
Renaudot
Fémina
Interallié
Médicis: Every year in late November and early December five important literary prizes are awarded by five different groups. The actual prize money is but a token; the publicity given to the book is what really counts. Any book awarded a prize is sure to sell at least 30,000 copies. For the book receiving the most prestigious prize—the Goncourt (from the name of the 19th-century French novelist who created it)—sales may go as high as 200,000.

Drouant: One of the best Parisian restaurants (2 stars in the Michelin) where the jury of the Goncourt convenes to award the prize. Once this is done, the jury can then enjoy a gastronomic treat.

Saint-Etienne: One of the big industrial cities in France. It is a good city in which to sample the average Frenchman's reading habits. It has no university, so the statistics are not inflated by a population of students who have to read for courses. And there are a great number of workers and engineers.

Êtes-vous bien informé?

1. À St-Etienne:

   a) les gens de maison lisent plus de livres que les patrons

   b) les jeunes lisent moins que les adultes de moins de 60 ans

   c) les ouvriers préfèrent la radio à la lecture

   d) à peu près les 3/4 des habitants lisent le journal tous les jours

2. Les Français n'ont « rien à lire » parce que:

   a) les éditeurs publient peu de livres

   b) les livres publiés, en majorité, n'intéressent pas la masse des lecteurs

   c) le quart de la population adulte ne sait pas lire

   d) la plupart des lecteurs possibles préfèrent la télévision

3. Les auteurs de livres ne savent pas écrire pour les masses parce que:

   a) ils sont souvent professeurs ou journalistes

   b) ils sont presque tous des bourgeois

   c) ils portent tous en fait une cravate et un faux-col

   d) ils n'écrivent pas de belles histoires

4. Le Prix Goncourt est une institution respectable qui apporte les avantages suivants:

   a) un auteur inconnu connaît brusquement le succès

   b) un auteur et un livre Goncourt ne sont jamais oubliés

   c) l'auteur vend un très grand nombre d'exemplaires de son livre

   d) le jury ne couronne que des œuvres jeunes et d'avant-garde

5. Parmi les 1850 prix littéraires en France:

   a) l'article précédent en cite cinq: le Goncourt, le Renaudot, le Fémina, le Médicis et le Drouant

   b) le prix Goncourt et le prix Renaudot sont décernés le même jour

c)   c'est le prix Interallié qui couronne une œuvre étrangère traduite en français

d)   le prix Fémina est décerné seulement à des romans écrits par des femmes

Interprétation

According to this article what is the place of books and reading in France? Who reads the most and the least? What "genres" are read the most and the least? For what purpose do people read?

On the other hand, who writes, and for whom? Who tries to influence what the public reads, and how? Is this promotional effort worthwhile, from the standpoint of business and that of the education of the masses?

Re-création

Do you read? If you do, what do *you* read? Why do you read? Give a personal response to these questions or poll the people around you and give a composite answer to these questions.

SENS

Noms

acheteur (m.) = *buyer*
analphabète (m.): *someone who is unable to read*
anonymat (m.): *the fact of being unknown, without a name*
automne (m.) = *autumn, fall*
bande (f.) **dessinée** = *comic strip*
bibliothèque (f.) = *library*
cerise (f.) = *cherry*

connaissance (f.) = *knowledge*
course (f.) = *race*
cravate (f.) = *necktie*
documentaire (m.) = *documentary*
doute (m.) = *doubt;* sans doute = *probably*
éditeur (m.) = *publisher*
employé (m.) = *employee;* employé de bureau = *office worker*
étalage (m.) = *window display*
événement (m.): *remarkable event, special occasion*
exemplaire (m.) = *copy*
exercice (m.) = *practice*
extrémité (f.) = *end*
faute (f.) = *fault*
faux-col (m.) = *hard, detachable collar*
genre (m.) = *kind*
gens (m.p.) **de maison** = *household servants: maids, cooks, etc.*
hebdomadaire (m.) = *weekly*
histoire (f.) = *tale;* raconter des histoires = *to tell tales, un-
                believable stories*
instruction (f.) = *education, schooling*
juré (m.): *member of a jury*
lauréat (m.) = *laureate, winner*
lecteur (m.) = *reader*
lecture (f.) = *reading*
lettres (f.p.) = *letters, literature;* femme de lettres = *woman
                writer*
montée (f.) = *rise*
oubli (m.) = *oblivion*
ouvrage (m.) = *work; here: book*
policier (m.) = *mystery; also: policeman*
prix (m.) = *award*
proie (f.) = *prey*
queue (f.) = *tail;* en queue = *last*
quotidien (m.) = *daily*
retraite (f.) = *retirement*
réussite (f.) = *success*
revue (f.) = *review*
roman (m.) = *novel*
romancier (m.) = *novelist*
roman-photo (m.): *highly melodramatic stories told in comic-strip form
using photographs instead of drawings*
sorte (f.) = *kind*
Stéphanois : Saint Etienne :: Parisien : Paris
taulard (m.) = *jailbird* (argot)

tour (m.) = *turn*
truc (m.) = *gadget, gizmo, thing*
une (f.): *front page of a newspaper*

Verbes

améliorer = *to improve*
attribuer = *to confer*
commander = *to command, to order*
conserver = *to keep, to preserve*
couronner = *to crown*
cultiver (se) = *to cultivate one's mind, to improve oneself intellec-*
tually
décerner = *to bestow*
découvert (inf.: découvrir = *to discover*) p. passé
désapprendre = *to unlearn*
déterminer = *to ascertain*
disposer de = *to have at one's disposal*
distraire (se) = *to find relaxation, entertainment*
écrire = *to write*
empêcher = *to prevent*
expédier = *to send fast*
lisent (inf.: lire) 3ème p. pl.
livrer (se) **à** = *to yield to, to give oneself to*
lu (inf.: lire) p. passé
obtenir = *to obtain, to get*
produire (se) = *to happen*
promener (se) = *to take a walk*
publier = *to publish*
réchapper = *to get out, to escape from*
récolter = *to harvest*
récompenser = *to reward*
reconnaître (se) = *to recognize oneself, to identify with*
réduire = *to reduce*
regarder = *to look at*
répondre = *to answer;* répondu: p. passé
signaler = *to signal, to point out*
suivre = *to follow;* suivi: p. passé
tirer = *to print (a certain number of copies)*
vaut (inf.: valoir = *to be worth*); *here: to bring in, to procure*
venu (inf.: venir = *to come*) p. passé

Adjectifs

âgé de = *whose age is*
ancien = *former*
annuel = *yearly*
brut = *gross*
déçu = *disappointed*
divers = *diverse; here: others*
douze: 12
fin = *fine, refined*
hardi = *bold*
irréductible = *who cannot be conquered*
malheureux = *unhappy*
obligatoire = *compulsory*
romanesque: *pertaining to novels*
semblable = *alike, analogous*
supérieur = *top;* études supérieures = *college education*

Adverbes

combien de . . . ? = *how many . . . ?*
curieusement = *curiously, surprisingly*
justement = *precisely*
presque = *nearly*

Prépositions

hors de = *outside of*
malgré = *in spite of*

Conjonction

or = *now; introduces a fact that is used as a demonstration*

Locutions et expressions

à peu près = *about*
au cours de = *in the course of*
autrement dit = *in other words*

en bas âge = *very young; here, too young to be able to read*
en fait = *in fact*
faute de = *through a lack of*
quel qu'il soit = *whatever its content, value, nature*
sans doute = *probably* ≠ sans aucun doute = *undoubtedly*

LES NOUVEAUX PARADIS TERRESTRES

PARC NATIONAL DES PYRÉNÉES

Partout en France se créent des Parcs nationaux et régionaux. Les animaux, les fleurs, les arbres y trouvent un abri contre la destruction, les hommes y retrouvent le calme de la vraie nature.

Le désert nous menace

Dans trois cents ans, la Terre ne sera plus qu'un vaste désert, les biologistes l'ont calculé; les hommes sont en train de tuer la Nature. Voici un premier bilan: 120 espèces de mammifères ont définitivement disparu, 150 espèces d'oiseaux ont été totalement anéanties, 600 autres espèces d'animaux, de la baleine au guépard, de la cigogne au zèbre, du chinchilla au lion d'Asie sont condamnés. La pollution des eaux atteint un degré alarmant. La pollution de l'atmosphère par le gaz carbonique augmente dangereusement. Les arbres peuvent seuls rétablir l'équilibre: un arbre alimente en oxygène un homme pendant toute une vie. Or, d'ici trente ans, 90.000 ha seront rasés dans les seuls environs de Paris. Une forêt rasée ne repousse pas, une forêt brûlée laisse une terre stérile. L'équilibre naturel de la planète est menacé.

Sauver la terre

Les moyens de sauver la terre, les moyens de sauver nos héritiers lointains sont limités. Pour répondre au cri d'alarme des biologistes, différents pays, les Etats-Unis, l'URSS, la France ont adopté une solution de dernière chance: celle des Parcs Nationaux. En France, depuis la loi du 22 juillet 1960, quatre Parcs Nationaux et plusieurs parcs régionaux ont été créés et sont en voie d'aménagement. Ils couvriront 1 million et demi d'hectares, faune et flore y seront protégées.

Les isards et les ours

Il n'y a pas si longtemps les forêts françaises étaient peuplées de sangliers, de biches, de cerfs, et nos montagnes étaient habitées par les bouquetins, les isards et les ours. Que reste-t-il aujourd'hui? Tout au plus 1.500 isards et 30 ours dans les Pyrénées. Et s'ils parviennent de nouveau à s'y reproduire, c'est parce qu'ils ont été placés à l'abri du Parc National. D'autres animaux aussi y ont trouvé la survie: le lynx, le renard, le chat sauvage, la martre, et le desman, un animal au long nez, unique en Europe.

Ni barrières, ni barbelés

L'enceinte du Parc des Pyrénées Occidentales, qui s'étend sur les vallées d'Aspe, d'Ossau, de la Neste, d'Aure et du gave de Pau, n'est marquée par aucune barrière ni barbelé. Il est protégé par la loi et surtout par de solides montagnards de la région qui veillent farouchement à la faire respecter. Chasse, cueillette, abattage d'arbres sont sévèrement punis. Mais les touristes peuvent se promener dans des sentiers balisés qui serpentent sur 160 km de montagnes, là où personne n'allait. Ils peuvent pique-niquer et camper au milieu des clochettes de troupeaux et des caravanes de mulets descendant vers la vallée.

Les flamands roses

C'est grâce à la réserve de Camargue que nos enfants verront encore des flamands roses. La race s'éteignait. Ils ont été groupés et forment aujourd'hui une flamboyante colonie de 18.000 oiseaux. Mais ils ne sont pas les seuls rescapés. La réserve a accueilli les derniers hérons, des grues, des goélands, des aigrettes et des sangliers. A la saison des migrations plus de 2.500 canards sauvages descendent s'y reposer. Les animaux et les oiseaux ne sont pas les seuls hôtes de cette réserve: des écologues y étudient les répercussions d'un milieu sur les espèces qui le composent. Excepté eux et deux gardes, personne n'y a accès.

Initier les visiteurs

Pour aider à la redécouverte de la nature méconnue, les parcs aménagent des « musées de plein air », des « centres d'initiation à la nature », et forment des « guides moniteurs ». Ils prendront les touristes par la main et leur montreront enfin ce que leurs yeux de citadin ne peuvent plus voir: l'herbe, les arbres, les bêtes minuscules, les rochers, le jeu des eaux sur les pierres. Les Bretons initient vingt touristes par dimanche à la récolte du miel sous la conduite d'un apiculteur patenté. Dans les Landes, on contera aux Parisiens l'histoire conjuguée des pins et des moutons. Les guides savoyards montreront comment on distingue le vol d'un chocard de celui d'un chouca.

Poètes et touristes

Ceux qui ont créé les parcs n'étaient qu'en apparence des forestiers, des maires, des préfets ou des ministres. C'étaient des poètes. Donc des hommes méfiants à l'égard des touristes, ces individus d'un autre monde, dont les doigts maladroits ne savent qu'arracher les fleurs, graver des cœurs dans les écorces, et jeter des papiers gras, quand ce ne sont pas des mégots, sources d'incendie. La méfiance demeure. Le directeur du Parc de Port-Cros affirme: « L'île est une perle dont il faut à peine entrouvrir l'écrin ».

Safari-photo

Mais les touristes viennent, nul moyen de les arrêter. Il faut trouver le moyen de les faire pénétrer dans les forêts comme ils entrent dans les cathédrales, avec respect. D'où l'idée des parcs. Utopie? Peut-être pas. Le parc de la Vanoise semble prouver que là encore, contrairement à la légende, le Français est capable de mutation. La municipalité de Val d'Isère y a organisé un safari-photo. Des passionnés ont accouru de Maubeuge, de Nantes, de Cherbourg. Ils ont marché des journées entières dans l'herbe, ils se sont camouflés pour surprendre les marmottes, voir se dresser un chamois sur quelque roche.

« Ils n'aimaient pas la nature, affirme M. Alfred Moulin, directeur adjoint du parc. Mais ils la découvrent. Et elle les rend heureux ».

Parcs Nationaux

La Vanoise (Savoie) 50.000 ha de massifs montagneux à plus de 2.000 m d'altitude, 50 sommets de plus de 1.000 m. Promenades pédestres, randonnées à ski, escalades.

Port-Cros (Var). Iles de Port-Cros et de Bagaud et divers îlots ainsi que la zone maritime environnante jusqu'à une distance de 600 km des côtes. Végétation et faune exceptionnelles. Visiteurs admis.

Les Pyrénées Occidentales. 105 km de longueur le long de la frontière espagnole, de la haute vallée d'Aspe à la haute vallée d'Ossau. Programme social et culturel pour les visiteurs.

Les Cévennes. Englobe la région qui va du mont Lozère au massif de l'Aigoual. Envisagés: parc du Pelvoux, parc des Alpes Maritimes.

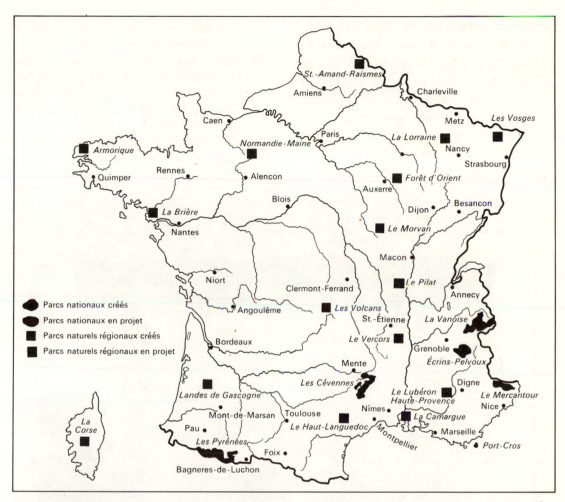

Légende de la carte:
- Parcs nationaux créés
- Parcs nationaux en projet
- Parcs naturels régionaux créés
- Parcs naturels régionaux en projet

St.-Amand-Raismes · Amiens · Charleville · Metz · *Les Vosges* · Caen · Paris · *La Lorraine* · Nancy · Strasbourg · *Normandie-Maine* · Rennes · Quimper · Alencon · *Forêt d'Orient* · Auxerre · *Armorique* · Blois · Dijon · Besancon · *La Brière* · Nantes · *Le Morvan* · Macon · Niort · Clermont-Ferrand · *Le Pilat* · Annecy · Angoulême · *Les Volcans* · St.-Étienne · *La Vanoise* · *Le Vercors* · Bordeaux · Grenoble · *Écrins-Pelvoux* · Mente · *Les Cévennes* · Digne · *Le Mercantour* · *La Corse* · *Landes de Gascogne* · *Le Lubéron Haute-Provence* · Nice · Mont-de-Marsan · Toulouse · Nîmes · *La Camargue* · Marseille · Pau · *Le Haut-Languedoc* · Montpellier · Port-Cros · *Les Pyrénées* · Foix · Bagneres-de-Luchon

Parcs Régionaux

Saint-Amand-les-Eaux (Nord). Splendide forêt à 40 km de Lille. Camping, musée, base nautique.

L'Armorique (Finistère). Quatre zones séparées: les Monts d'Arrée (crêperie, apiculture, centre équestre), le Menez-Hom (centre nautique), l'extrémité de la Presqu'île de Crozon et l'archipel d'Ouessant (gîtes ruraux, location de bicyclettes et attelages, découverte des coutumes anciennes).

Normandie-Maine (Orne, Mayenne, Sarthe).

Forêts. Sport équestre autour des haras du Pin. Voile.

Forêt d'Orient (Aube). Immense forêt, barrage-réservoir. Base nautique. Pêche.

Lorraine (Meuse, Moselle, Meurthe-et-Moselle). Un parc du souvenir. Forêts, plans d'eau, villages restaurés.

Brière (Loire-Atlantique). Marais et villages anciens. Artisanat.

Morvan (Nièvre, Côte d'Or, Saône-et-Loire, Yonne). Massif montagneux, lacs. Itinéraires pédestres et équestres, canoë. Villages restaurés.

Vallées de la Leyre et de l'Eyre (Landes). Forêt de pins. Canoë. Traditions.

Volcans d'Auvergne. 50.000 ha de la Chaîne des Puys et les monts de Cantal sur 70.000 ha. Volcanisme et géologie. Burons transformés en gîtes.

Mont Pilat (Loire). Le massif entre Lyon et St-Etienne. Sentiers balisés.

Vercors (Isère, Drome). Massif de moins de 1.200 m. Ski de fond, sports équestres, sentiers de randonnées.

Camargue (Bouches du Rhône). Parc d'équilibre écologique et préservation du site. Deux zones: zone réservée interdite au public, zone ouverte où le cheval est roi.

Corse. Forêts et gorges avec façade maritime sur le golfe de Porto, Girolata, Galéria.

RÉSERVE NATURELLE
FAUNE et FLORE PROTÉGÉES

SORBONNE

Êtes-vous bien informé?

1. La Terre sera un désert dans trois siècles parce que:

   a) beaucoup de forêts sont rasées

   b) la température de la surface terrestre augmente

   c) les hommes anéantissent la faune

   d) le gaz carbonique qui se répand de plus en plus menace la vie de tous les êtres

2. Flore et faune sont protégées dans le parc des Pyrénées Occidentales de la façon suivante:

   a) il est interdit de chasser et de cueillir des plantes

   b) il est interdit de pique-niquer et de camper

   c) des barrières protègent certaines zones et en interdisent l'accès aux visiteurs

   d) des habitants de la région font respecter la loi

3. Dans la réserve de Camargue on peut observer:

   a) une colonie de flamands roses

   b) des touristes qui se promènent sur des sentiers balisés

   c) des chercheurs spécialisés dans l'écologie

   d) des oiseaux mais aucun mammifère

4. Pour aider les citadins à découvrir et aimer la Nature les directeurs de parcs organisent des activités diverses, par exemple:

   a) des moniteurs montrent des films sur la vie des animaux sauvages

   b) des guides font découvrir les caractéristiques qui distinguent les oiseaux

   c) des groupes de visiteurs sont organisés pour faire la cueillette des mégots

   d) des instructeurs spécialisés enseignent l'histoire écologique du pays

5. Si on aime les distractions suivantes, voici où il faut aller:

   a) on peut monter à cheval dans les parcs d'Armorique, de Camargue et de Normandie

   b) si on aime découvrir les choses d'autrefois, il faut aller dans les parcs des Landes et de l'archipel d'Ouessant

   c) pour faire du canoë ou de la voile, les parcs du Morvan, de l'Ile de Port-Cros et de la Normandie sont recommandés

   d) on mange un plat traditionnel de la région dans le parc des Volcans d'Auvergne

Interprétation

According to this article, man is capable of two different attitudes toward nature: destructive and protective. Retell all instances of destruction in this text, then describe the various efforts made in France to protect nature and to educate men in this regard.

Re-création

Have you ever visited a national or state park in the United States? What are the beauties, advantages, and pleasures to be found in this park? What could be done to increase the enjoyment and education of the people in this or another park? Give your ideas for improvements and innovations.

SENS

Noms

abattage (m.) = *felling, cutting down of trees; knocking down*
abri (m.) = *shelter*
aigrette (f.) = *egret*
apiculteur (m.) = *bee-keeper*
apiculture (f.) = *bee-keeping*
arbre (m.) = *tree*
archipel (m.) = *archipelago*
artisanat (m.) = *crafts*
attelage (m.) = *carriage*
baleine (f.) = *whale*
barrage (m.) = *dam*
barbelé (m.) = *barbed wire*
bête (f.) = *animal* ☐ *beast*
biche (f.) = *doe*
bicyclette (f.) = *bicycle*
bilan (m.) = *balance sheet; report on the state of things*
bouquetin (m.) = *wild mountain goat*
Bretagne (f.) = *Brittany*
Breton : Bretagne :: Français : France
buron (m.): *in Auvergne, shepherd cabin where cheese is made*
caravane (f.) = *caravan*
cerf (m.) = *deer, stag*
chaîne (f.) = *mountain range*
chat (m.) = *cat*
chocard (m.) = *a kind of crow*
chouca (m.) = *jackdaw, a kind of crow*
cigogne (f.) = *stork*
citadin (m.): *someone who lives in a city*
clochette (f.) = *small bell*
conduite (f.) = *leadership*
côte (f.) = *shore*
coutume (f.) = *custom*
crêperie (f.): *shop where "crêpes" are made, sold and eaten*
cri (m.) = *shout, scream, outcry*
cueillette (f.): *the action of picking flowers and plucking fruits*
découverte (f.) = *discovery*
desman (m.) = *a sort of muskrat*
doigt (m.) = *finger*

écorce (f.) = *bark*
écrin (m.) = *jewel-case*
enceinte (f.) = *enclosure*
environs (m.p.) = *vicinity, surrounding region; environment*
escalade (f.) = *climbing*
espèce (f.) = *species*
flamand (m.) = *flamingo*
garde (m.) = *guard*
gave (m.): *name given to mountain streams in the Pyrenees*
gîte (m.) = *lodging*
goéland (m.) = *sea gull*
golfe (m.) = *gulf*
gorge (f.) = *narrow pass*
grue (f.) = *crane*
guépard (m.) = *cheetah*
ha: hectare (m.) = *2,471 acres*
haras (m.) = *horse-breeding stable*
herbe (f.) = *grass*
héritier (m.) = *heir*
hôte (m.) = *host; also: guest*
idée (f.) = *idea*
ilôt (m.) = *small island*
incendie (m.) = *fire*
isard (m.): *name given to the chamois in the Pyrenees, a wild goat*
jeu (m.) = *play*
journée (f.) = *a day seen as a length of time*
lac (m.) = *lake*
mammifère (m.) = *mammal*
marais (m.) = *marsh*
marmotte (f.) = *marmot, woodchuck*
martre (f.) = *marten*
massif (m.) = *mass of mountains*
méfiance (f.) = *mistrust*
mégot (m.) = *cigarette butt*
miel (m.) = *honey*
moniteur (m.) = *instructor, coach*
montagnard (m.): *a mountaindweller, a highlander*
mouton (m.) = *sheep*
mulet (m.) = *mule*
municipalité (f.) = *town council*
nez (m.) = *nose*
oiseau (m.) = *bird*
ours (m.) = *bear*

papier (m.) = *paper;* papier gras = *wax paper, used to pack sandwiches*
paradis (m.) = *paradise*
passionné (m.) = *fan*
perle (f.) = *pearl*
préfet (m.): *appointed chief administrator of a French* département
presqu'île (f.) = *peninsula*
puy (m.) = *old extinct volcano in Auvergne*
randonnée (f.) = *hike, outing*
redécouverte (f.) = *rediscovery*
renard (m.) = *fox*
rescapé (m.): *someone who survives a disaster*
réserve (f.) = *wild life refuge, preserve*
roche (f.) = *rock*
rocher (m.) = *rock*
roi (m.) = *king*
sentier (m.) = *trail*
site (m.) = *situation and scenery together*
ski (m.) **de fond** = *cross-country skiing*
souvenir (m.) = *remembrance, memory*
troupeau (m.) = *herd*
vallée (f.) = *valley*
voile (f.) = *sail, sailing*
vol (m.): *the manner of flying, flight*
volcanisme (m.): *the study of volcanoes*

Verbes

accourir = *to run up to, to rush*
aider = *to help*
alimenter = *to feed*
anéantir = *to annihilate, to destroy completely*
arracher = *to pull out, to tear away*
arrêter = *to stop*
composer = *to make*
conter = *to tell (a tale, a story)*
couvrir = *to cover*
demeurer = *to stay*
distinguer = *to distinguish*
dresser (se) = *to stand erect*
englober = *to embrace*
entrouvrir = *to open a little*

éteignait (s') (inf.: s'éteindre) = *to be extinguished, to become extinct*

étendre (s') = *to spread out, to stretch*

former = *to constitute, to make; also: to educate, to prepare*

graver = *to engrave, to carve*

jeter = *to throw away, to discard*

marcher = *to walk*

menacer = *to threaten*

parvenir = *to attain, to arrive; here: to succeed*

peupler = *to populate*

pique-niquer = *to have a picnic*

protéger = *to protect*

punir = *to punish*

raser = *to clear (of all vegetation)*

reposer (se) = *to rest*

repousser = *to grow again*

reproduire (se) = *to reproduce*

sauver = *to save*

serpenter = *to wind;* serpent (m.) = *snake*

surprendre = *to take by surprise*

tuer = *to kill*

Déterminants

nul = *no*

quelque = *some*

Adjectifs

adjoint = *assistant*

admis = *admitted, allowed*

balisé = *blazed*

camouflé = *disguised, hidden*

conjugué = *joint*

environnant = *surrounding*

équestre: *pertaining to horse riding*

flamboyant = *flaming, blazing, bright*

gras = *greasy*

interdit = *forbidden*

lointain = *far away, distant; here: future*

maladroit = *clumsy*

maritime = *belonging to the sea*
méconnu = *ignored, unrecognized*
méfiant = *mistrustful*
nautique = *nautical, pertaining to boating, sailing*
occidental = *western*
patenté = *certified*
pédestre = *on foot*
peuplé = *populated*
rose = *pink*
rural = *rural, belonging to the countryside, rustic*
savoyard : Savoie :: français : France
solide = *strong; also: reliable*
stérile = *barren*
terrestre = *earthly*
trente: 30

Adverbes

définitivement = *definitively*
enfin = *at last*
farouchement = *fiercely*
sévèrement = *sternly, harshly*

Préposition

excepté = *except*

Locutions et expressions

à l'égard de = *toward, concerning*
à peine = *barely*
au milieu de = *in the midst of*
autour de = *around*
contrairement à = *in contradiction with*
d'ici trente ans = *thirty years from now*
en voie de = *in the process of*
jusqu'à = *up to*
le long de = *along*
par dimanche = *every Sunday*
tout au plus = *at the most*

LA PSYCHOSE D'AOÛT

Tous les Français partent en vacances en août: du moins 25 millions d'entre eux. Pourquoi? D'abord il n'est pas possible de louer un appartement de vacances à la semaine, et les hôtels ne représentent que 11% de la capacité totale d'hébergement. Ensuite, 50% des vacanciers sont parents d'élèves; en juillet, c'est le résultat des examens, réinscriptions et orientation nouvelle, en septembre c'est la rentrée. Reste août. . .

4 semaines de congés payés

De tous temps les privilégiés quittaient la ville en août. Lorsque les congés payés furent institués, d'abord pour 12 jours, c'est août aussi que les commerces et les usines choisirent pour cette période de fermeture. Maintenant que les congés payés se sont allongés jusqu'à 4 semaines, l'habitude de fermer à ce moment-là est restée. Aujourd'hui 62% des entreprises ferment en août, ce qui provoque l'arrêt presque total de la vie du pays.

Échec de l'étalement

Le gouvernement a essayé de favoriser l'étalement des vacances en décrétant des dates de vacances scolaires décalées entre la zone nord et la zone sud. Cela n'a pas

réussi. 70% des congés payés restent massés au mois d'août. Même les Français dont l'entreprise ne ferme pas et qui n'ont pas d'enfant d'âge scolaire partent en août. Parce qu'ils ont toujours un cousin ou un ami proche, obligé de partir en août, et que s'ils rêvent de dépaysement, ils aspirent à retrouver sur des rivages nouveaux des visages familiers. Et aussi parce que la fermeture des commerces et des services rend la vie difficile au citadin et lui donne un sentiment de frustration.

Une nouvelle doctrine

La psychose des vacances d'août est telle qu'une doctrine nouvelle est née, contre l'étalement. Soutenue surtout par les responsables des grandes entreprises et les commerçants, elle ose affirmer que la fermeture en août est la formule la plus simple et la plus rentable, celle qu'il faut généraliser. Mais il y a un obstacle: l'impressionnant tableau des conséquences économiques et sociales. La production industrielle baisse de 45%. La SNCF doit se suréquiper pour mettre au service des vacanciers 400 trains supplémentaires par jour. La police est obligée de multiplier par dix ses moyens de surveillance des routes. Et les vacanciers subissent l'encombrement, l'entassement, l'inconfort et l'augmentation saisonnière des prix.

Le record des morts et des blessés

Pour le statisticien, août est la période la plus meurtrière de l'année. Le mois le plus coûteux en vies humaines, en valeur absolue comme en valeur relative, c'est-à-dire le nombre d'accidents rapporté à l'indice de circulation, c'est le mois d'août, suivi de près par juillet, puis juin. En 1969, durant juillet-août il y a eu 2.999 morts sur les routes et 43.102 blessés.

Près de 9 millions de Français se ruent vers les rivières, lacs et mer. On estime qu'il y a 1.200 à 1.500 morts durant les mois d'été du fait de l'eau: noyades, hydrocutions, naufrages.

La montagne fascine moins que la mer et attire moins de fanatiques; mais ceux-là sont des passionnés. Ils grimpent, grimpent encore et parfois tombent: 100 morts en 69.

Le prix de la fête

Les week-ends et les vacances sont les fêtes de notre société. Or la fête ne va jamais sans un certain gaspillage, sans certains sacrifices. Elle est le temps du désordre organisé et de l'exubérance permise. Les accidents de la route, comme les autres, font partie intégrante de la fête dans l'inconscient social. On a calculé que ce sont 2 milliards environ de nouveaux francs qui disparaissent chaque année en capital humain ou en dépenses de santé supportées par la collectivité dans la fureur de vivre des vacances françaises. En additionnant le coût dû à l'arrêt d'activité économique, cela fait au minimum 4 milliards qui disparaissent d'une manière ou d'une autre entre juin et septembre. Les vacances françaises sont à la démocratie ce que les fêtes de Versailles furent à la monarchie triomphante: quelque chose de somptueux, mais aussi de scandaleux.

Les vacances dans l'inconscient collectif

Cinq éléments fondamentaux entrent en jeu: la nécessité du repos, le désir d'un arrêt collectif du travail, le plaisir de découvrir de nouveaux interlocuteurs, le goût du voyage et la volonté d'exploration. Ces cinq éléments existent depuis toujours.

Mais leurs importances respectives sont en train de changer; ce sont les deux derniers qui sont, en fait, dangereux.

Le repos

C'est la première raison des vacances, celle que donnaient les leaders des syndicats en 1936 pour réclamer les congés payés. Cette donnée commence à faire le tour du monde. Les spécialistes américains en productivité estiment maintenant qu'une interruption longue du travail au cours de l'année favorise le rendement. Sur ce point la France est en avance sur le reste du monde.

L'arrêt collectif du travail

Ceci est une donnée typiquement française qui ne s'explique que par les caractères singuliers de la société française. Pour les Français la fête est collective: si les vacances sont pour eux ce que le carnaval de Rio est pour les Brésiliens, il est indispensable que tout le monde soit en vacances en même temps. Il y a aussi dans l'arrêt collectif du travail un élément révolutionnaire: il faut rompre, casser le rythme de cette société et de cette vie. Il faut que tous, ensemble, au même moment, deviennent autres.

La découverte de nouveaux visages

Là encore, c'est une attitude propre au tempérament national. La France reste un pays latin. Les Français ont besoin de forum. Il n'y a pas de terrasses dans les cafés nord-américains. Or les plages sont d'immenses cafés: tout le monde rencontre tout le monde, tout le monde peut, ou pourrait, parler avec tout le monde. Les vacances se déroulent comme une tragédie

classique: il y a unité de lieu et unité de temps. Une fille pour l'été, un amour par saison; les gens que l'on a connus à qui l'on écrira et qui ne reçoivent jamais de vos nouvelles. Les bandes de jeunes qui se retrouvent chaque été au même endroit et qui ne réussissent jamais à se reconstituer l'hiver.

Le goût du voyage

Le goût du voyage est nouveau. Avant guerre on allait à la campagne, dans la propriété familiale pour les bourgeois, chez les grands-parents paysans pour les ouvriers, et dans un cercle de 200 à 500 km autour de Paris ou de la ville où on habitait. Puis ce fut la ruée vers la mer: Côte d'Azur, Pays Basque et Landes, Bretagne. A partir de 1952 le grand changement commence: les Français en voiture se mettent à traverser les frontières. Les voilà en Espagne, en Italie, en Suisse, en Allemagne, et bientôt en Yougoslavie, en Scandinavie,

en URSS, en Turquie. Toujours au volant, des familles entières font 5.000 ou 6.000 km durant ce qu'elles appellent des « vacances ». Les clubs, les « charters » mettent Corfou, Marrakech, les Antilles, Tahiti à la portée de tous les rêves, sinon de toutes les bourses. Mais du point de vue coût humain, c'est le voyage automobile qui est évidemment le plus élevé.

Le goût de l'exploration

C'est l'élément réellement nouveau. Le nageur se contente d'abord des plaisirs du bain de mer; puis, pour faire comme tout le monde, il met un masque de plongée, baisse la tête et contemple l'univers sous-marin que lui avaient fait pressentir le cinéma et la télévision. Il apprend à plonger, mais il voudrait marcher, ne pas être tenu par le temps: c'est la bouteille d'oxygène, la combinaison. Au début il prend les précautions nécessaires, puis il oublie, et c'est l'accident. Même chose pour les alpinistes et les yachtmen du mois d'août. Ils cherchent tous quelque chose qui sorte de l'ordinaire. Ils retrouvent, à travers l'adoration des sommets et des vagues, un homme enfoui en eux, adorateur panthéiste des dieux d'autrefois. Ce n'est pas un mal en soi. Mais l'univers des villes ne prépare pas à cette aventure.

REPÈRES

Tragédie classique, unité de temps, unité de lieu: All French students read Corneille and Racine (17th-century classical dramatists) in high school. They start in "5ème," the equivalent of the 7th grade in the United States. The first play read is usually Corneille's "Le Cid." What most people remember is the famous classical rule known as "la règle des trois unités: unité de temps, unité de lieu, unité d'action." This rule requires that the action be contained within 24 hours (unité de temps), held to one location (unité de lieu), and confined to a single plot (unité d'action).

SNCF: Société Nationale des Chemins de fer Français. French railroads were nationalized in 1938. The SNCF has the reputation of being one of the best managed companies in France—trains are fast, dependable, and always on time.

Versailles: The famous palace built at great expense by Louis XIV. It remains the symbol of the splendor of the French monarchy.

Côte d'Azur, Pays Basque, Landes, Bretagne: The most popular resort areas in France. They feature good weather, excellent beaches, and all the recreational attractions of a seaside location: fishing, boating, sailing, and the like.

Corfou (Greek island), **Marrakech** (old Moroccan town), **les Antilles** (island group of the West Indies, including the French islands **Guadeloupe** and **Martinique**), and **Tahiti** (French island in the South Pacific) are famous exotic resorts which appeal to the imagination of all Frenchmen. A well-known and very successful travel club, the "club Méditerranée," has "villages de vacances" in these and other locations. The club was instrumental in encouraging Frenchmen from all walks of life, especially the young, middle class and lower middle class, to vacation in these places.

Congé payé: In 1936 a law was passed granting every employee two weeks' vacation with full salary. Today (1974) the period covers four weeks, in addition to all legal holidays.

SORBONNE

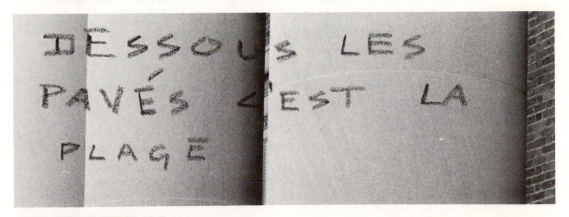

SUR UNE BARRICADE

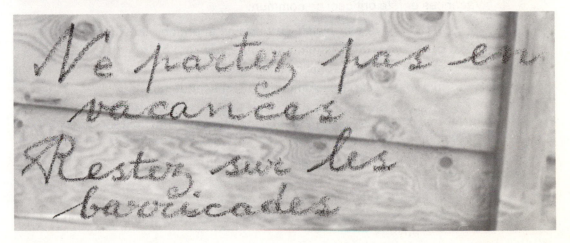

Êtes-vous bien informé?

1. Pendant le mois d'août en France:

   a) à peu près la moitié des Français partent en vacances
   b) on peut louer un appartement à la semaine
   c) le temps est plus ensoleillé qu'en juillet
   d) plus de 3/5 des entreprises ferment

2. Les Français partent en vacances tous ensemble parce que:

   a) presque tous les magasins et services sont fermés en ville
   b) ils aiment bien être en vacances en même temps que leurs cousins et amis
   c) les voyages en groupe sont moins coûteux
   d) ils sont atteints par une psychose collective

3. La fermeture généralisée en août est coûteuse parce qu'elle a les conséquences suivantes:

   a) le coût de la vie monte partout
   b) il y a un nombre record de morts et de blessés sur les routes
   c) la production industrielle baisse de plus de la moitié
   d) la surveillance des routes se multiplie par dix

4. Vacances et fête ont ceci de commun:

   a) on paye son plaisir de certains sacrifices inévitables
   b) c'est le moment d'oublier la réserve et l'ordre
   c) on y dépense plus qu'il ne faut
   d) tout y est permis donc rien n'est scandaleux

5. Parmi les éléments qui orientent l'inconscient vers la recherche des vacances, sont dangereux:

   a) le désir de fête collective que suit une impulsion de tout casser
   b) le goût des visages nouveaux et des amours éphémères
   c) le besoin de repos total qui arrête la vie économique du pays

d)   la fureur de pratiquer des sports pour lesquels le citadin moyen n'est pas assez bien entraîné

Interprétation

Describe and explain the dangers and joys of an August vacation in France.

Re-création

How do you spend your vacations during the various seasons of the year? Is there any danger (travel, sports, etc.) in what you do?

or: Imagine that you are a benevolent autocrat who decides to organize the best possible vacation for your subjects. What scheme would you devise and how would you implement it?

SENS

Noms

alpiniste (m.)   =   *mountain climber*
arrêt (m.)   =   *stoppage*
blessé (m.): *someone who is injured*
bourse (f.)   =   *purse; here: budget*
Brésilien : Brésil   ::   Français : France
carnaval (m.)   =   *carnival, Mardi Gras, wild celebration*
changement (m.)   =   *change*
circulation (f.)   =   *traffic*
collectivité (f.)   =   *community*
combinaison (f.)   =   *overalls; rubber diving suit*
congé (m.)   =   *vacation;* congé payé   =   *paid vacation*
coût (m.)   =   *cost*
dépaysement (m.): *feeling of being away from home, out of one's element*

dépense (f.) = *expense, spending;* dépenses de santé = *hospital costs*

donnée (f.) = *given fact*

encombrement (m.) = *congestion (of roads and streets)*

endroit (m.) = *place*

entassement (m.) = *crowding together, piling on top of each other*

étalement (m.) = *spreading out*

examen (m.) = *examination*

exubérance (f.) = *excessively demonstrative behavior*

fermeture (f.) = *closing*

gaspillage (m.) = *foolish waste*

hébergement (m.) = *lodging*

hydrocution (f.): *impairment of the nervous system caused by water pressure. It can be fatal*

inconfort (m.) = *lack of comfort*

indice (m.) = *index*

lieu (m.) = *place*

masque (m.) = *mask;* masque de plongée = *diving mask*

nageur (m.) = *swimmer*

naufrage (m.) = *shipwreck*

noyade (f.) = *drowning*

ordinaire (m.) = *ordinary, everyday life*

paysan (m.) = *peasant*

plage (f.) = *beach*

plaisir (m.) = *pleasure*

plongée (f.) = *diving*

réinscription (f.) = *re-registration*

rendement (m.) = *productivity*

rentrée (f.): *the reopening of schools in the fall*

repos (m.) = *rest*

responsable (m.): *someone who is in a position of responsibility and decision making*

rivage (m.) = *shore*

ruée (f.) = *rush*

SNCF: Société Nationale des Chemins de fer (*railroads*) Français

surveillance (f.) = *supervision, surveillance*

syndicat (m.) = *union*

Turquie (f.) = *Turkey*

usine (f.) = *factory*

vacancier (m.): *someone who is on a vacation*

valeur (f.) = *value;* valeur absolue = *absolute value, considered alone;* valeur relative = *relative value, compared to another number*

visage (m.) = *face*
volant (m.) = *wheel*

Verbes

additionner = *to add*
allonger (s') = *to stretch*
apprendre = *to learn*
contenter (se) = *to be content with*
décréter = *to establish by decree*
dérouler (se) = *to unfold*
essayer = *to try*
grimper = *to climb*
mettre (se) **à** = *to begin to*
oser = *to dare*
plonger = *to dive*
pressentir = *to imagine, to sense beforehand, to guess*
provoquer = *to provoke, to cause*
reconstituer (se) = *to be reconstituted, to get together again*
rompre = *to rupture, to break*
ruer (se) = *to rush*
subir = *to suffer, to undergo*
suréquiper (se) = *to overload with equipment*
tenu (inf.: tenir = *to hold*) p. passé

Adjectifs

absolu = *absolute*
collectif = *collective, common to all*
décalé = *staggered*
enfoui = *buried*
familial = *belonging to the family*
familier = *familiar, well-known*
fondamental = *fundamental*
impressionnant = *impressive*
intégrant = *integral;* partie intégrante = *integral part*
massé = *bunched*
meurtrier = *murderous*
permis = *allowed*
rapporté à = *referred to*
relatif = *relative*

rentable = *profitable, economic*
respectif = *respective*
saisonnier = *seasonal*
singulier = *particular, peculiar*
sous-marin = *submarine, underwater*
soutenu = *supported*

Préposition

durant = *during*

Locutions et expressions

à la semaine = *on a weekly basis*
à partir de = *beginning with, from*
au début = *at first*
de tous temps = *always, throughout the past*
du fait de = *caused by*
en avance sur = *ahead of*
en soi = *in itself*
faire le tour de = *to go round . . . to cover completely*
les voilà = *here they are*

LE PRIX DU PASSÉ

La France est-elle en train de perdre l'irremplaçable capital touristique et culturel que représentent ses monuments historiques? Il faudrait d'urgence 1,117 millions pour assurer, non pas les restaurations, mais les mesures de stricte conservation qui s'imposent.

30.000 édifices classés

« On risque de voir disparaitre, dit le Ministre des Affaires Culturelles, dans les cinq années à venir, le quart des 30.000 édifices classés ou inscrits à l'inventaire des Monuments Historiques. Sans parler de la masse immense de ceux qui ne le sont pas, chapelles, villages, fermes, manoirs, qui donnent à la campagne française son caractère et son charme. »

On demande des châtelains

Mais pour assurer la survie d'un monument historique, il ne suffit pas de le protéger, il faut lui trouver une raison d'être. Un grand nombre de ces bâtiments ont perdu leur affectation traditionnelle: que faire de ces innombrables châteaux dont nul ne veut plus être châtelain? Ces bâtiments sont si peu fonctionnels qu'il n'est

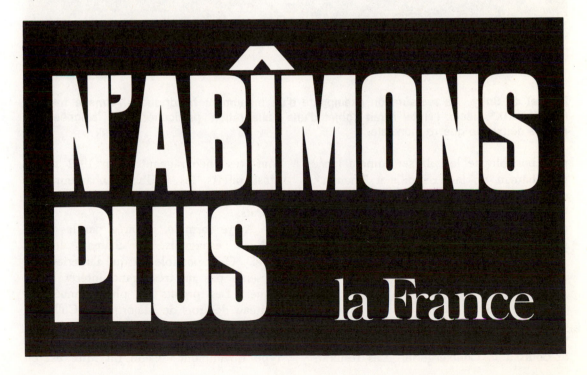

L'Hôtel de Sully   La restauration exemplaire d'un monument historique. Malmené tout au long du XIXe siecle, l'Hôtel à fait l'objet d'une restauration particulièrement soignée depuis la deuxième guerre mondiale.

plus possible de les utiliser comme lycée (le château de la Trémoille à Thonon), comme asile de vieillards (le couvent des Cordeliers à Proviñs), comme caserne (le château de Lunéville) ou même comme prison (l'abbaye de Fontevrault).

Quatre expériences pilotes

La première consiste à louer pour réceptions des bâtiments aménagés: le château de Maisons, à Maisons-Laffitte, la salle St-Louis à la Conciergerie.   Les résultats sont très encourageants.   En 1972 seront ainsi offerts les jardins enchanteurs de l'orangerie de l'Hôtel de Sully dans le Marais.

Autre formule, inspirée par les « paradors » espagnols: le château devient hôtel.   C'est possible lorsque l'intérieur ne présente pas un très grand intérêt historique.   Les projets les plus avancés: le château des rois de Majorque, à Collioure et le couvent des Cordeliers, à Provins.

Troisième solution: le centre culturel, type Royaumont.   Celui du Midi est en

L'Hôtel de Sully   après restauration

bonne voie: c'est l'abbaye de St-Maximim. On pense installer un centre de colloques pour hommes d'affaires à Chambord, et l'abbaye de Fontevrault, où l'église conserve les tombeaux des Plantagenêts, deviendrait un centre culturel franco-anglais avec campus réservé aux étudiants des deux pays.

Enfin, bien des monuments historiques pourraient devenir centres d'accueil et de renseignements au cœur d'une zone très touristique comme le château de Canonges, dans l'Orne, ou à l'entrée d'un parc régional comme le château de Villeneuve-Lambon près des monts d'Auvergne. Bien des monuments servent déjà de cadres à des festivals saisonniers. Un grand festival de printemps à Versailles, un autre à Paris en automne, une trilogie de festivals musicaux dans le Midi réunissant, à celui d'Aix, ceux d'Orange et d'Arles. . . Les projets ne manquent pas.

Les villes anciennes

Des rois et des princes esthètes leur avaient donné l'élégance, des moines bâtisseurs les avaient enluminées de cathédrales, des marchands cossus les avaient humanisées. Mais le XXᵉ siècle bétonneur fait courir un danger mortel aux villes anciennes, anthologies architecturales de notre culture. Ainsi, le maire de Versailles voulait livrer aux bulldozers des promoteurs les vieux quartiers de sa ville proches du château. A Metz de précieux monuments d'architecture italienne ont été détruits pour faire de la place aux parkings et aux immeubles neufs. Il fallait, dit-on, choisir entre les pierres et les hommes. Mais ce dilemme n'est-il pas faux?

Protéger les quartiers anciens

Plus de 400 villes françaises se trouvent confrontées à ce problème. Plus de 400 villes, qui possèdent en leur centre des ruelles médiévales, des placettes Renaissance, ou des ensembles d'immeubles des XVIIᵉ et XVIIIᵉ siècles. Il y a huit ans, le 4 août 1962, M. André Malraux, ministre des Affaires Culturelles, faisait voter la loi sur les « secteurs urbains sauvegardés », une innovation. Jusque-là, n'étaient protégés que les sites extraordinaires et de grands monuments isolés. Mais des ensembles anciens comme le quartier St-Jean, à Lyon, le vieux Mans, autour de la Cathédrale St-Julien, et jusqu'à des villes comme Chartres et Uzès, aujourd'hui sauvées, restaient à l'abandon.

Pour les piétons

Dans ces secteurs sauvegardés, les touristes affluent: ils reçoivent autant de visiteurs que les monuments les plus connus. Parfois il faut choisir entre vieux quartiers et voitures.

La municipalité de Rouen a choisi de faire revivre ses vieilles rues: la rue du Gros-Horloge a été consacrée aux piétons.

Aujourd'hui les commerçants s'en réjouissent: jamais ils n'ont compté tant de clients chez eux. D'autres rues ont demandé à leur tour de devenir voies piétonnières.

Les habitants participent

A Rouen encore, sous l'impulsion d'un professeur d'allemand, M. Daniel Lavallée, les habitants sensibilisés par ce qu'ils avaient perdu dans les bombardements ont restauré eux-mêmes 300 maisons autour de la cathédrale Notre-Dame. Rue du Gros-Horloge, le Monoprix, installé dans une maison du XVIème, et les Galeries Lafayette consacrent plusieurs centaines de millions à la restauration des façades. A Dole habitants et commerçants ont suivi les conseils de l'architecte Pierre-Jean Jouve; ils ont retiré les coffrages aux couleurs voyantes qui encadraient les vitrines pour retrouver les arcades anciennes.

L'architecte avait fait du porte-à-porte pour faire l'inventaire des trésors de la ville et intéresser les habitants: « La ville s'éveilla, dit-il, et vit qu'elle était belle. »

Une réussite exceptionnelle: Sarlat

La difficulté est grande dans les villes importantes: ce n'est pas l'oubli économique qui y fait disparaître les quartiers anciens. Les mutations sociales et la négligence y ont souvent transformé le centre en quartiers mal famés et mal entretenus qui sont ensuite condamnés pour insalubrité et rasés. L'expérience de rénovation est plus facile dans une petite ville qui ne pose pas de grands problèmes sociaux; c'est le cas de Sarlat.

Sarlat, patrie de la Boétie, l'ami de Montaigne, abrite au cœur du Périgord, sous des toíts garnis de lauzes, quelque 8.000 habitants, comme au Moyen Age. Intacts, la cathédrale, l'évêché, les hôtels Renaissance et les maisons médiévales ont conservé leur remarquable unité. Le chemin de fer a laissé la ville à l'écart de l'industrialisation. Quand les architectes des monuments historiques sont arrivés, le vieux Sarlat avait à peine changé depuis le XVIème siècle. Un effort exceptionnel a permis de tout restaurer en matériaux d'origine.

L'expérience était donc possible; elle était même rentable: aujourd'hui Sarlat vit essentiellement des touristes.

L'amour du travail bien fait

Dole, ancienne capitale de la Franche-Comté, Richelieu en Poitou, Pérouges près de Lyon, Tréguier en Bretagne, Uzès, Sarlat, Cordes en Rouergue. . .

Dans une de ces villes, une des 22 groupées en secteurs sauvegardés, vous découvrirez avec plaisir, intimement mêlés, l'art et l'histoire; vous pénétrerez, grâce aux visites aux antiquaires et artisans locaux, au cœur des traditions et du goût de nos provinces. Traditions évanouies ou renaissantes, meubles et objets d'hier et d'aujourd'hui, mais un seul et même esprit, l'amour du travail bien fait.

Pour vos réceptions, un cadre exceptionnel

Les hommes d'affaires peuvent aujourd'hui disposer, pour le succès de leurs réceptions, pour la satisfaction de leurs clients, et pour le prestige de leurs entreprises, du cadre de plusieurs grands monuments historiques français. Certains éléments de notre patrimoine architectural sont en effet offerts pour l'organisation de soirées auxquelles elles confèrent un éclat tout particulier. Tel est le cas de la Salle Saint-Louis de la Conciergerie à Paris et du Château de Maisons à Maisons-Laffitte. Ces édifices ont été restaurés et pourvus de tous les équipements modernes nécessaires à leur utilisation. En province, plusieurs monuments sont susceptibles d'une utilisation semblable et notamment l'Abbaye de Fontevrault, le Mont-St-Michel, le Château de Pierrefonds et la Cité de Carcassonne. Cette initiative est due à la Caisse Nationale des Monuments Historiques et des Sites, établissement public placé sous la tutelle du Ministre d'Etat chargé des Affaires Culturelles et dont la mission essentielle est d'assurer la présentation des Monuments Historiques de la France, leur animation, leur meilleure intégration dans la société contemporaine.

Tous renseignements concernant les conditions de la location de salles historiques peuvent être fournis en téléphonant à la:

Caisse Nationale
des Monuments Historiques
Hôtel de Sully, 62 rue St-Antoine,
Paris 4ème. Tél. ARC 34.72

BEAUX-ARTS

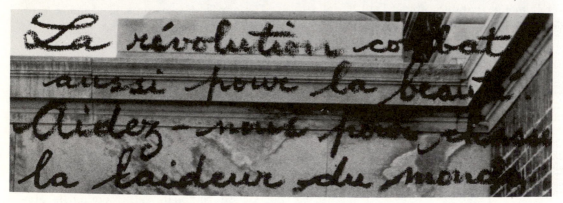

REPÈRES

Monoprix: Chain store similar to Woolworth, Kresge, etc.

Galeries Lafayette: One of the oldest and best department stores in Paris, located on one of the ''Boulevards,'' right next to its competitor ''Le Printemps.''

Montaigne: Famous French writer of the Renaissance (16th century). **La Boétie** was one of his friends.

Richelieu: Cardinal and Prime Minister of Louis XIII. One of the greatest statesmen France ever had.

Malraux: Eminent contemporary French writer. He was Minister of Cultural Affairs under de Gaulle from 1958 to 1969.

Plantagenêt: Nickname of Geoffroy V, count of Anjou in the 12th century. The name commonly designates the line of English kings from Geoffroy's son Henry II (1154) through Richard III (1485). At one point the whole western part of France—from Normandy to Spain—belonged to them. **Fontevrault,** in Anjou, is a small town whose 12th-century church holds the tomb of the Plantagenet family.

Majorque: The largest of the Balearic Islands, off the east coast of Spain, in the Mediterranean. The Kingdom of Majorca, which existed briefly from 1276 to 1344, comprised the Balearic Islands, the province of Roussillon in southern France, and the region of Cerdagne (Cerdaña) between France and Spain. Its capital was Perpignan.

Sully: Prime Minister of Henri IV in the early 18th century.

Êtes-vous bien informé?

1. Pour que les monuments historiques français soient conservés il faudrait surtout:

   a) leur trouver une utilisation qui les intègre à la vie de la société contemporaine

   b) consacrer immédiatement 1.117 millions à leur restauration

   c) les vendre à des personnes à qui il plairait de devenir châtelains

   d) les inscrire sur un inventaire spécial

2. Certains châteaux sont déjà à la disposition du public, par exemple:

   a) celui des rois de Majorque à Collioures a été transformé en hôtel

   b) celui de Fontevrault sert de prison

   c) celui de Maisons est loué aux hommes d'affaires qui veulent recevoir leurs clients

   d) celui de Villeneuve-Lambon est un centre d'accueil à l'entrée du Parc des Monts d'Auvergne

3. Les villes anciennes sont particulièrement menacées parce que:

    a) les promoteurs veulent détruire les vieux quartiers pour construire des bâtiments neufs et des parkings

    b) dans les vieux quartiers les rues sont trop étroites pour la circulation des voitures

    c) seuls les monuments isolés sont protégés par la loi

    d) le centre ancien des villes est devenu souvent un quartier mal famé et insalubre qu'il faut raser

4. Les habitants de certaines villes anciennes s'intéressent à la conservation et à la restauration des anciens quartiers parce que:

    a) cela attire de nombreux touristes

    b) ils sont malheureux en pensant aux nombreux trésors architecturaux perdus pendant la guerre

    c) des architectes leur font découvrir la beauté de leur ville

    d) ils ont un grand amour des traditions

5. Sarlat est une ville ancienne qui a gardé son caractère parce que:

    a) le chemin de fer ne passe pas dans la ville et par conséquent les industries ne s'y sont pas installées

    b) quand on a restauré la ville on a utilisé des pierres et des lauzes anciennes

    c) la municipalité avait veillé à la protection des maisons anciennes

    d) une petite ville est plus facile à sauver qu'une grande ville

Interprétation

Describe the wealth and diversity of old monuments and towns in France today. Discuss the different reasons for the decay of many of them, as well as the solutions found or anticipated to protect and maintain this national heritage.

Re-création

What is being done in your city or state to preserve the buildings and monuments of the past? In your opinion, is everything old worth keeping, or should preservation be selective? What criteria should determine what is saved?

or: Most American tourists in Europe want to see castles and museums rather than new buildings, however distinguished. If *you* were to visit (or have visited) Europe, what would you (or did you) want to see most, and why?

SENS

Noms

abandon (m.) = *neglect, destitution;* à l'abandon = *neglected, destitute*

abbaye (f.) = *monastery, abbey*

accueil (m.) = *reception, welcome*

affectation (f.) = *designation*

allemand (m.) = *the German language*

animation (f.) = *bringing to life, revitalization*

antiquaire (m.): *someone who sells antiques*

asile (m.) = *shelter, home*

bâtiment (m.) = *building*

bâtisseur (m.) = *builder*

bombardement (m.) = *bombing raid*

cadre (m.) = *frame, setting*

caisse (f.) = *fund*

caractère (m.) = *character*

caserne (f.) = *barracks*

château (m.) = *castle*

châtelain (m.): *someone who owns and lives in a castle*

chemin (m.) **de fer** (m.) = *railroad*

coffrage (m.) = *additional, decorative façade, in wood*

colloque (m.) = *conference*

condition (f.) = *here: rate*

couvent (m.) = *convent*

écart (m.) = *divergence;* à l'écart de = *aside, apart, away from, aloof from*

éclat (m.) = *luster, magnificence*

édifice (m.) = *building*

esprit (m.) = *spirit*

esthète (m.) = *aesthete, lover of beautiful things*

évêché (m.) = *bishop's residence*

insalubrité (f.) = *insalubrity, unwholesomeness*

intérieur (m.) = *inside*

inventaire (m.) = *inventory*

lauze (f.): *stone that splits in sheets used for tiles*

manoir (m.) = *manor, small castle in the country*

matériau (m.) = *material*

Midi (m.): *the south of France*

moine (m.) = *monk*

négligence (f.) = *neglect*

parador (m.) = *Spanish hotel in an old castle*

passé (m.) = *past*

patrimoine (m.) = *patrimony, inheritance*

piéton (m.) = *pedestrian*

pilote (m.) = *pilot;* expérience pilote = *pioneering experiment*

placette (f.) = *small square*

prison (f.) = *jail*

promoteur (m.) = *developer*

raison (f.) **d'être**: *a reason for being, a justification*

réception (f.) = *reception, elegant party*

rénovation (f.) = *renewal*

renseignement (m.) = *(piece of) information*

restauration (f.) = *restoration, repairing and rebuilding in the original form*

ruelle (f.) = *narrow street, alley*

soirée (f.): *elegant evening party*

tombeau (m.) = *tomb*

trésor (m.) = *treasure*

trilogie (f.) = *trilogy, group of three*

tutelle (f.) = *tutelage*

vieillard (m.) = *old man;* vieillards (p.) = *old people, the aged*

vitrine (f.) = *store window*

Verbes

abriter = *to shelter*

affluer = *to come in droves, to flock*

assurer = *to insure*
conférer = *to bestow*
consister = *to consist*
courir = *to run;* courir un danger = *to run a risk*
encadrer = *to frame*
enluminer = *to illustrate in the manner of medieval manuscripts*
éveiller (s') = *to wake up*
faudrait (inf.: falloir; prés.: il faut = *one must, it is necessary*) conditionnel
imposer (s') = *to be imperative, indispensable*
livrer = *to hand over*
offert (inf.: offrir = *to offer*) p. passé
poser = *to present*
réjouir (se) = *to rejoice*
retirer = *to take off*
risquer = *to risk;* on risque de = *there is a risk that . . .*
suffire = *to suffice;* il suffit de = *it is enough to . . .*
téléphoner = *to call on the phone*

Adjectifs

avancé = *far along, close to completion*
bétonneur = *using concrete*
chargé de = *in charge of*
classé = *classified, registered and protected by law*
confronté à = *confronted with*
contemporain = *contemporary*
cossu = *wealthy*
enchanteur = *enchanting, delightful*
entretenu = *maintained*
esthète = *aesthete, one who likes beautiful things*
évanoui = *vanished*
famé (mal) = *of (ill) repute*
fonctionnel = *functional*
fourni = *furnished, given*
garni = *adorned*
innombrable = *innumerable*
inscrit = *registered, listed*
installé = *established, set up*
irremplaçable = *irreplaceable*
italien : Italie :: français : France
mêlé = *mixed, entwined*
particulier = *special*

piétonnière =   *reserved for pedestrians*
pilote =   *pioneering*
pourvu de =   *furnished with*
renaissant =   *renascent, reviving*
sauvegardé =   *protected*
sensibilisé =   *sensitized, made aware*
susceptible de =   *capable of, liable to*
voyant =   *gaudy*

Pronom

nul =   *no one*

Adverbes

notamment =   *notably*
quelque =   *about, some (followed by a number)*

Locutions et expressions

à peine =   *hardly, barely*
au cœur de =   *in the heart of*
d'origine =   *from the original work or period*
du porte-à-porte =   *door-to-door canvassing*
d'urgence =   *urgently, immediately*
en bonne voie =   *well on the way*

LES JEUNES ET LA POLITIQUE

Majeurs à 18 ans?

La France est un des pays qui s'opposent le plus à l'accession des jeunes aux responsabilités. Actuellement la loi interdit, par exemple, l'élection des mineurs aux conseils des maisons ou associations de « jeunes ». D'où la présence insolite de si nombreux « vieillards » dans les mouvements de jeunesse ou les organisations sportives. Pourquoi ne pas avoir des électeurs, à partir de 15, 16 ans dans ces associations où s'effectue le véritable apprentissage des responsabilités civiques. Les élections municipales sont celles qui touchent le plus les jeunes, pourquoi ne pas les y admettre à partir de 18 ans, ainsi d'ailleurs qu'aux élections cantonales? Pour les élections à caractère national (législatives, présidentielles) ou pour les référendums, la nation est en droit d'exiger de ceux qui votent qu'ils aient déjà pris le départ dans l'existence. Fixer à 19 ou 20 ans l'âge de cette majorité correspondrait à une réalité reconnue par beaucoup.

Mais parents, employeurs, hommes politiques de tous les horizons, s'ils déclarent volontiers leur désir de « se pencher » sur les jeunes, de les aider dans la société, ne les laissent participer à la vie politique que « le moment venu », c'est-à-dire le plus tard possible.

Sondage

A votre avis, est-il souhaitable qu'en France la majorité légale soit fixée à 18 ans au lieu de 21 ans?

	Adultes	15–19 ans
Souhaitable	32%	49%
Pas souhaitable	62%	49%
Ne se prononcent pas	6%	2%

Ensemble (rappel):	Souhaitable 32%	Pas souhaitable 62%	Ne se prononcent pas 6%
Sexe			
Hommes	33%	62%	5%
Femmes	31%	61%	8%
Age			
20 à 34	40%	57%	3%
35 à 49	29%	66%	5%
50 à 64	29%	65%	6%
64 et plus	26%	60%	14%
Profession du chef de famille			
Agriculteurs	21%	75%	4%
Industriels, commerçants	26%	67%	7%
Cadres sup., prof. lib.	45%	50%	5%
Employés, cadres moyens	39%	57%	4%
Ouvriers	34%	60%	6%
Inactifs	26%	62%	12%
Niveau d'études			
Primaire	28%	64%	8%
Primaire supérieur	29%	66%	5%
Secondaire	34%	63%	3%
Technique et commerc.	36%	61%	3%
Supérieur	54%	45%	1%

Ce qui intéresse les jeunes

Cependant les jeunes s'intéressent beaucoup à la politique comme le révèle une enquête effectuée il y a quelques années, en 1966, parmi des jeunes de toutes les classes sociales, de tous les niveaux d'éducation, des Centres d'apprentissage à l'Enseignement supérieur; d'après eux, voici les problèmes qui intéressent les jeunes:

Les problèmes internationaux	13,2%
La politique	12,6%
Les loisirs	11,9%
Les études et l'orientation	11,6%
L'avenir	10,0%
L'éducation sexuelle	8,0%
Les rapports des jeunes entre eux	5,8%
L'argent et le travail temporaire	5,5%
Le métier	4,6%
Les rapports avec les adultes	4,5%
Les valeurs morales	4,5%
Les problèmes sociaux	3,5%
Les progrès de la science et des techniques	2,7%
La mode	1,6%

Les problèmes internationaux

Parmi les problèmes internationaux que les jeunes estiment particulièrement graves, on trouve, par ordre d'importance: la paix mondiale, le racisme, l'aide aux pays sous-développés, la lutte contre la faim, la fraternité des jeunes de tous les pays, la destruction des armements atomiques. On voit que deux grands problèmes se dégagent: la nécessité d'éviter une guerre mondiale, et la nécessité de résoudre les problèmes du Tiers-Monde. Ces deux thèmes sont fréquemment mêlés. La multiplication des échanges et des communications, la généralisation de l'information ne sont sans doute pas étrangères à ces préoccupations. Il s'y ajoute, dans les réponses individuelles, le désir exprimé d'être personnellement utile à la construction de l'avenir du monde.

La politique

12,6% des jeunes ont déclaré leur intérêt pour les problèmes politiques. Derrière le mot « politique » s'exprime en fait un désir de participation et d'initiative dans les domaines de la vie publique, à tous les niveaux, local, communal, national autant qu'international. Les moins de 21 ans réclament âprement le droit de vote. Certains invoquent aussi l'action syndicale comme moyen d'influence sur la vie politique.

« C'est par mon action au sein de mon syndicat, le centre des jeunes agriculteurs, que je veux influer sur les destinées du pays, à travers une amélioration des structures de notre profession » dit un jeune fermier.

« Je peux influer de façon très modeste mais certaine par mon action syndicale, mes idées » affirme un ouvrier tourneur.

Le recours à la violence est parfois évoqué par les étudiants mais par eux seulement:

« Il n'y a que la violence qui soit efficace. Le seul moyen, c'est la révolution, l'anarchie. » Etudiant, 18 ans, Poitiers.

« C'est malheureux à dire, mais la violence est le seul moyen de se faire entendre. » Etudiante en lettres, Paris.

Vers une société transformée

Un bon tiers (34%) des jeunes Français de 15 à 29 ans croient que la société française se transformera dans l'avenir en société de forme socialiste. 36% ne le croient pas et 30% sont sans opinion. Les moins convaincus sont les employés et cadres moyens: 45% n'y croient pas, contre 34% parmi les cadres supérieurs et les professions libérales. Les ouvriers sont divisés en trois groupes presque égaux: ceux qui croient à l'avènement d'une société socialiste (35%), ceux qui n'y croient pas (31%), ceux qui ne savent pas (34%). Parmi les agriculteurs la proportion d'indécis est très forte: 41%. Mais 37% y croient.

Ceux qui n'y croient pas disent pourquoi:

« Ce serait contraire à la psychologie des Français. » Educateur spécialisé.

« L'électeur moyen a peur de l'aventure. » Instituteur.

« Je ne crois pas au Père Noël. Socialisme veut dire fraternité et même charité au moins dans son idéal. La nature du petit Français moyen est plus proche de celle du défenseur de ses propres intérêts que de celle du camarade socialiste. » Laborantin.

Quelle forme aura ce socialisme pour ceux qui croient à son avènement? Il se rapprochera du régime de:

la Suède	9%
l'URSS	4%
Cuba	1%
la Chine	0%
aucune société socialiste existante	15%
ne savent pas	5%

Seuls les ouvriers mentionnent l'URSS. La Chine? Pas question.

Dans les réponses individuelles on note un sentiment très vif de la spécificité française, d'un tempérament français jaloux de sa liberté. Dès qu'il est question de liberté, les Français tombent d'accord pour protéger « les libertés » et ils sont très peu nombreux à penser que les sociétés socialistes existantes, la Suède exceptée, créent les conditions de la liberté.

Leur goût de la vie, du bonheur, de la liberté individuelle, qui apparaît si fort, permettra peut-être aux jeunes Français de conduire leur pays vers la société la moins cruelle du monde industriel. Ils en ont certainement l'espoir.

Les groupes politiques de Nanterre en 1970

Ce tableau représente les différents groupes entre lesquels se partagent les étudiants inscrits à l'université de Nanterre qui ont de façon permanente ou temporaire une activité politique. Dans les périodes de tension ils sont 2000, soit 10% des étudiants inscrits.

Les Maoistes

1. G.P. La Gauche Prolétarienne. Très actifs. Hostiles au P.C.
2. V.L.R. Vive La Révolution.
3. H.R. L'Humanité rouge. Insistent sur la liaison travailleurs-étudiants.

Les Anarchistes

Par définition non organisés. Prônent l'action individuelle.

Les Trotskistes

1. La Ligue communiste.
2. L'Alliance des jeunes pour le socialisme (A.S.S.)
3. L'Alliance marxiste révolutionnaire

et les Marxistes révolutionnaires.

4. Lutte ouvrière (L.O.) Qualifient Cuba, la Chine et le Vietnam Nord d'Etats petits-bourgeois.

Les Partis "traditionnels"

1. Les Etudiants socialistes unifiés (E.S.U.)
2. L'Union des Etudiants communistes (U.E.C.) Organisés et actifs.
3. Le M.A.R.C. 200 (Mouvement d'Action et de Recherche critique) réunit différentes tendances socialistes.

Les Modérés

Le C.L.E.R.U. (Comité de Liaison des Etudiants pour la Réforme universitaire) appuie à fond la loi d'orientation votée par le gouvernement.

La Droite

1. La F.N.E.F. (Fédération Nationale des Etudiants de France). Groupe de droite qui milite à la Faculté de Droit. Propose des grèves pour protester contre les « provocations » gauchistes.
2. La G.U.D. (Groupe Union Droit). Group d'extrême-droite de la Faculté de Droit. Nostalgie du passé fasciste, culte de Mussolini. Se rattache à l'Organisation néo-fasciste Ordre Nouveau.

Les effectifs de ces différents groupes vont de quelques dizaines d'adhérents à quelques centaines.

Les Partis à l'Assemblée Nationale en mai 71

Partis	Membres	Affiliés	Total
U.D.R. (Union démocratique et républicaine: majorité gouvernementale)	259	23	282
Républicains Indépendants (R.I.)	58	4	62
Socialistes (P.S.U.)	42	2	44
Communistes (P.C.)	33	1	34
Centre Démocratie et Progrès	31	3	34
Non-affiliés	31		31
TOTAL			487

SORBONNE

NANTERRE

NANTERRE

REPÈRES

Tiers-Monde: "Third World": the countries that belong to neither the Western block (U.S., Western Europe) nor the Eastern block (USSR, satellite countries). The expression is coined from the French "Tiers Etat" or "Third Estate," which under the Ancien Régime (before the Revolution of 1789) described all classes other than the two privileged orders of clergy and nobility.

Loi d'orientation: A law that completely reorganized French universities after the protests of May, 1968. The measure is a major effort on the part of the government to reform the system of higher education. But it is still too early to gauge its success in promoting effective reforms.

Assemblée Nationale: French equivalent of the House of Representatives. Under the present Constitution, it is the main representative body of the French Parliament and has most of the legislative power.

Mouvements de jeunesse: Independent youth associations, e.g., "Jeunesse ouvrière chrétienne": Young Christian Workers; Boy Scouts, Girl Scouts, and others.

Associations de jeunes, Maisons de jeunes: Associations with activities coordinated around a youth center. There are about 200 "Maisons de jeunes" in France and many "Auberges de jeunesse" (youth hostels: 275 in France and hundreds all over Europe). Whereas "Associations" and "Maisons" emphasize social activities, the "Mouvements de jeunesse" have a program or ideology to which all members must subscribe.

Centre d'apprentissage: Vocational school that is part of the technical education system (separate from the secondary education system), where for two years—usually from age 15 to 17—young people learn a trade.

Nanterre: Suburb of Paris where the first "branch" of the Sorbonne was established. The location of this new campus, in the heart of the slums, helped politicize the student body, and it was in Nanterre that the troubles leading to the events of May, 1968 began. Today Nanterre is a full-fledged, independent university, one of thirteen in the Paris area.

Poitiers: University town in the central part of France.

Marxiste: Disciple of Karl Marx.

Trotskiste: Disciple of Leon Trotsky, one of the leaders of the Russian Revolution. He was exiled from Russia by Stalin in 1929. Ever since, Trotsky has been a symbol of "permanent revolution." The "Trotskyistes" (or Trotskyites) stand to the left of the Communist Party, and violently oppose it.

Maoistes: Followers of Mao Tse-tung.

Êtes-vous bien informé?

1. Les jeunes Français de moins de 21 ans peuvent:

   a)   devenir directeur de maison de jeunes par élection

   b)   voter dans les élections présidentielles

   c)   acheter librement des boissons alcoolisées

   d)   se marier sans la permission de leurs parents

2. Quand il s'agit de baisser l'âge de la majorité légale à 18 ans:

   a)   presque autant de femmes que d'hommes y sont favorables

   b)   les agriculteurs sont plus traditionalistes que les cadres supérieurs

   c)   les gens qui ont fait des études supérieures y sont moins hostiles que les autres

   d)   les personnes de plus de 64 ans sont la catégorie la plus souvent indécise sur ce sujet

3. A propos des jeunes qui avaient moins de 21 ans en 1966:

   a)   un grand nombre s'intéressait à la mode

   b)   plus du quart des réponses montraient un intérêt pour les problèmes internationaux et politiques

   c)   les loisirs les intéressaient à peu près autant que les études

   d)   les rapports avec les adultes leur paraissaient plus importants que les rapports des jeunes entre eux

4. Les problèmes qui paraissent les plus importants aux jeunes Français sont:

    a)   la liberté des rapports sexuels

    b)   la paix dans le monde

    c)   l'aide aux pays sous-développés

    d)   le droit de vote à 18 ans

5. Lorsqu'il est question de l'avènement du socialisme en France:

    a)   les ouvriers pensent qu'il aura la forme du régime de l'URSS ou de la Chine

    b)   la plupart de ceux qui y croient pensent que ce sera un régime d'un modèle nouveau

    c)   c'est la Suède qui paraît le modèle le plus souhaitable

    d)   la moitié des jeunes n'y croient pas

Interprétation

Using the text, describe Utopia as young French people see it.

Re-création

How do young Americans you know feel about politics today?

or: If you are not interested or involved in politics and have nothing to say about it, explain or justify your attitude.

SENS

Noms

accession (f.): *accession, access*
aide (f.) = *help*
apprentissage (m.) = *apprenticeship*
avènement (m.) = *advent*
défenseur (m.) = *defender, protector*
départ (m.) = *start*
droit (m.) = *law;* la Faculté de Droit = *Law School*
échange (m.) = *exchange*
effectif (m.): *size in numbers*
électeur (m.) = *voter*
employeur (m.) = *employer*
extrême-droite (f.) = *far-right*
faim (f.) = *hunger*
inactif (m.): *someone unemployed*
laborantin (m.): *someone who works*
liaison (f.) = *link*
ligue (f.) = *league*
lutte (f.) = *fight, struggle*
majorité (f.) = *majority, coming of age*
mineur (m.): *minor, someone who is under 21*
mouvement (m.): *association, group (implies a dynamic character)*
Noël = *Christmas;* Père Noël ≈ *Santa Claus*
paix (f.) = *peace*
P.C.: Parti Communiste
rappel (m.) = *reminder*
rapport (m.) = *relationship*
recours (m.) = *recourse, resorting to*
referendum (m.): *a vote by the people on a legislative or constitutional issue formulated by the government*
responsabilité (f.) = *responsibility*
spécificité (f.) = *specific feature, characteristic*
Tiers-Monde (m.) = *underdeveloped countries*
tourneur (m.): *someone who works with a lathe*

Verbes

admettre = *to admit*

aient (inf.: avoir) subjonctif présent
apparaître = *to appear (to be)*
appuyer = *to support*
conduire = *to lead*
dégager (se) = *to become clear; to emerge*
effectuer (s') = *to get done; to effect; to make*
éviter = *to avoid*
évoquer = *to mention; to call up*
exiger = *to demand, to require*
fixer = *to establish*
influer = *to have an influence on*
invoquer = *to call upon*
militer = *to participate actively*
opposer (s') = *to resist, to be opposed to*
pencher (se) = *to bend over;* pencher (se) sur = *to take a sympathetic interest in*
permettre = *to allow*
prôner = *to preach in favor of, to advocate, to support*
prononcer (se) = *to give one's opinion*
rapprocher (se) de = *to get close to*
résoudre = *to solve*

Adjectifs

affilié: *associated with, closely related but not a member*
atomique = *nuclear*
cantonal: *pertaining to the ''canton,'' an administrative division equivalent to the county*
civique = *civic*
communal: *pertaining to city government*
convaincu = *convinced, earnest*
divisé = *divided*
effectué = *made, carried out*
efficace = *effective*
fort = *strong; here: widespread*
indécis = *undecided*
insolite = *unfitting, strange*
jaloux = *jealous*
législatif; les élections législatives = *elections to choose the members of the ''Assemblée Nationale''*
libéral: *in favor of individual liberties and against state intervention;* profession libérale: *a profession where one does not depend on an*

employer, e.g., architect, doctor, lawyer, and the like
majeur: *of age, one who is 21*
municipal: *pertaining to city administration*
prolétarien = *of the proletariat, the working class*
propre *(with noun following)* = *own*
reconnu = *recognized*
souhaitable = *desirable*
sportif = *pertaining to sports*
syndical: *pertaining to the unions*
temporaire = *temporary*
véritable = *true*
vif = *alive, sharp*

Adverbes

âprement = *harshly, acrimoniously*
ensemble = *together*
fréquemment = *frequently*
volontiers = *willingly, with good grace*

Locutions et expressions

à fond = *completely, with no reservation*
au lieu de = *instead of*
au sein de = *inside, in the middle of*
d'où = *whence, consequently*
il est question de = *it is a matter of; here: it comes to*
pas question! = *no chance! out of the question!*

Troisième partie

LA DÉMOCRATISATION DE L'ENSEIGNEMENT EST UN OBJECTIF TYPIQUEMENT BOURGEOIS

« Des Universités, pour quoi faire? » demande dans *Le Monde* un professeur de Droit. Un article des *Temps Modernes* semble lui répondre: « Il faut détruire l'Université, puisqu'elle est hors d'état de fonctionner » affirme-t-il. La situation est-elle si grave, qu'on ne se demande plus s'il faut réformer les Universités, mais s'il faut les conserver?

En mai 1970, il y a 700.000 étudiants dans les Universités françaises qui se préparent aux examens, car ils ont été convaincus que les études universitaires étaient le seul chemin pour parvenir à une place enviable dans la société. Il est vrai que, traditionnellement, une des fonctions essentielles de l'Université était d'assurer la sélection des élites qui devaient diriger la société. Mais l'augmentation rapide des effectifs de l'enseignement supérieur (passés de 200.000 environ au printemps 1960, à 700.000 au printemps 1970) a créé une véritable inflation des diplômes, et le mécanisme de la sélection a cessé de fonctionner convenablement. Il n'y aura certainement pas, dans les quelques années qui viennent, 700.000 places de choix qui seront libres pour tous les candidats de mai 1970. Il est donc évident que l'absence immédiate de débouchés crée une situation dangereuse. Car, que vont faire les étudiants qui, ayant investi plusieurs années de leur vie dans des études difficiles, ne trouveront pas de situation? Pour prendre un exemple précis, il y a en 1970, 64.000 étudiants qui se préparent à devenir professeurs de langues, et toutes les projections montrent qu'il n'y aura que 17.000 postes. Que feront les 47.000 qui n'auront pas de postes? Ils auront acquis une culture « supérieure », mais cette « culture » ne leur garantira l'accès d'aucune profession. Ce phémonène ne se limite pas aux professeurs de langues, il est général. Il explique en partie le malaise actuel: les étudiants prennent conscience de leur force et ils expriment leur insatisfaction de n'être pas intégrés à la société en contestant cette société. Le radicalisme des étudiants trouve une de ses sources dans la dévalorisation des diplômes. Il semble bien que l'Université ne « fonctionne » plus normalement. Alors, que faire? La réformer? ou la détruire?

Les plus radicaux des étudiants veulent la détruire, car ils voient en elle une institution bourgeoise qui repose sur la division sociale du travail. Il est vrai que toute les recherches montrent clairement que, dans tous les cycles d'enseignement, mais surtout dans le supérieur, la probabilité de succès dépend directement de l'origine sociale. Le système universi-

ENSEIGNEMENT SUPÉRIEUR et RECHERCHE SCIENTIFIQUE

Universités

Instituts universitaires de technologie et Collèges universitaires

Grandes Écoles, Écoles d'Ingénieurs et Instituts techniques

Écoles supérieures d'enseignement commercial et économique et Instituts de préparation aux affaires

Centres de recherche

N.B. Un seul signe représente un ou plusieurs établissements d'enseignement ou de recherche

taire en général ne fait donc que conserver les inégalités sociales, et il faut le détruire. Mais le détruire n'impliquerait pas la destruction de ces inégalités, car une révolution ne peut pas se limiter à l'Université: sans la participation de la classe ouvrière, aucune action efficace n'est possible. Or, pour l'instant, les ouvriers regardent d'un œil très méfiant l'agitation étudiante qu'ils jugent souvent infantile et dérisoire.

Détruire l'Université? Non. La conserver telle qu'elle est? Impossible. Donc, la seule possibilité est de la transformer.

Parmi les réformateurs, il y a les bourgeois intelligents qui comprennent que, pour conserver ce qu'ils possèdent, il faut accepter de changer. Ils sont prêts à accepter la démocratisation générale de l'enseignement, c'est-à-dire l'accès de *tous* à la culture. Mais il est facile de voir que cette démocratisation peut facilement n'être qu'une illusion qui camoufle et protège d'autant mieux la stratification sociale et la division du travail, qu'elle favorise un certain nombre de promotions individuelles, exemplaires, mais destinées à rester individuelles. Elle peut n'être qu'un retour à un système authentique de « libre entreprise capitaliste ».

Pour que l'Université soit vraiment nouvelle, il faut en modifier radicalement, non pas seulement le recrutement, mais aussi la structure même. Pour cela, proposent certains, il faut faire éclater ce bloc que nous appelons Université et qui se compose essentiellement des étudiants et des professeurs.

Tout d'abord, il faut abolir la condition étudiante en supprimant le ghetto universitaire. Les étudiants sont trop séparés, pendant tout le temps de leurs études, de plus en plus longues, de la vie réelle: sans responsabilités, ils deviennent irresponsables. Pour modifier cet état de choses, il faudrait envisager un type d'études où l'enseignement serait mêlé à la vie active et à l'apprentissage professionnel. Ceci se justifie rationnellement de deux façons:

a) Le développement actuel des connaissances est si rapide qu'il n'est pas possible de concevoir une éducation qui ne soit pas permanente. Or, si l'éducation doit être permanente, pourquoi ne pas la mêler tout de suite à la vie professionnelle? Seul changera le pourcentage du temps consacré, d'une part, à l'exercice du métier, et d'autre part, à l'acquisition continue des connaissances.

b) La motivation à l'étude sera meilleure, car, plus l'étudiant vieillit, plus l'acquisition des connaissances est liée à la motivation professionnelle. C'est l'expérience concrète de ses lacunes en cours de travail ou de recherche qui pousse chaque individu à perfectionner ses connaissances et sa culture. L'étudiant ainsi mêlé à la vie active de la société se sentirait intégré au lieu d'être aliéné.

L'autre aspect de cette réforme consisterait à abolir la profession enseignante telle qu'elle existe. On n'enseigne bien que ce qu'on a connu personnellement et experimenté soi-même. Cette connaissance authentique peut être d'ordre spéculatif (recherche) ou d'ordre pratique (activité professionnelle ou sociale.) Donc, le droit d'enseigner devrait procéder d'une science et/ou d'une expérience, et non d'une investiture sociale. Sans approfondir les conséquences de cette idée, on peut tout de suite voir clairement que le type de professeur dont la classe consiste simplement à répéter ce que d'autres ont dit, —mieux que lui, dans un livre, diparaîtrait.

Ce sont là, bien sûr, deux propositions radicales parmi bien d'autres. Elles ont le mérite de repenser, sur des bases totalement nouvelles, le problème de l'Université, et, à leur manière, elles répondent à la question posée au début de cet article.

Imaginez, au terme de sa scolarité obligatoire, l'enfant d'un salarié agricole, ouvrez-lui **un** compte en banque où vous verserez ce qui est nécessaire à un étudiant pour vivre pendant 10 ans: vous n'avez en pratique aucune chance de le retrouver médecin ou ingénieur au bout de ces 10 ans. Prenez au même âge l'enfant d'une famille de magistrats ou d'industriels, supposez-le brusquement orphelin sans ressources, livrez-vous à la même opération: vous avez, au contraire, des chances supérieures à la moyenne de le retrouver au bout du même délai, dans l'une des carrières où l'on contribue à façonner la société, et non pas dans l'un des métiers où l'on se borne à la subir.

J.-F. REVEL
Policier ou analphabète

L'EXPRESS. 25–31 mai 1970

SENS

abolir v.tr. *to abolish*
agitation n.f. *disturbance, unrest*
approfondir v.tr. *to examine in depth, to go to the heart of the matter*
autant *as much;* **d'autant que** *seeing that, since*
car conj. *for, because*
chemin n.m. *way, path*
choix n.m. *choice;* **de choix** *first quality*
• **clair** adj. 1. *light* 2. *clear, transparent* 3. *intelligible, obvious, undeniable;* **clairement** adv.
concevoir v.tr. *to conceive*
• **condition** n.f. 1. *situation with respect to circumstances* 2. *terms of an agreement* 3. *state, station, social position*
conscience n.f. *conscience, consciousness;* **prendre conscience de** *to become aware of*
contester v.tr. *to dispute, to challenge*
continu adj. *continuous, uninterrupted*
cours n.m. *course;* **en cours de** *during the course of*

- **culture** n.f. 1. *cultivation* 2. *the total literary, artistic, and spiritual achievements of a civilization* 3. *a high degree of intellectual enrichment, enlightenment, and refinement in a person*
- **cycle** n.m. 1. *cycle* 2. *level, stage in one's schooling* 3. *bicycle*
  débouché n.m. *(job) opening*
  dérisoire adj. *derisive, laughable*
  dévalorisation n.f. *devaluation*
  diriger v.tr. *to lead, to direct*
- **droit** n.m. 1. *right* 2. *law* 3. *dues, duty, tax*
- **éclater** v.intr. 1. *to break into pieces* 2. *to make a loud and sudden noise* 3. *to break out, to blaze forth* 4. *to burst, to explode*
  façon n.f. *manner, way*
  hors *out of;* **hors d'état de** *unable to*
  impliquer v.tr. *to imply*
  inégalité n.f. *inequality*
  infantile adj. *childish*
  instant n.m. *instant;* **pour l'instant** *at the present time*
  lacune n.f. *gap*
  langue n.f. *tongue, language;* **professeur de langues** *foreign-language teacher*
  lier v.tr. *to link*
  perfectionner v.tr. *to improve, to bring to perfection*
- **poste** n.f. 1 *mail* 2. *post office;* n.m. 1. *post* 2. *police station* 3. *employment, position* 4. *(radio) set*
- **pousser** v.tr. 1. *to push* 2. *to drive on, to impel* 3. *to bring forward;* v.intr. 1. *to sprout (plants)* 2. *to grow* (fam.: *speaking of children*)
  précis adj. *precise*
  projection n.f. *forecast made through the analysis of present trends*
- **recherche** n.f. 1. *search* 2. *refinement, affectation* 3. *research*
  recrutement n.m. *recruiting (personnel or members)*
  reposer v.intr. *to rest*
- **situation** n.f. 1. *geographical location* 2. *position* 3. *job, paid employment* 4. *state of affairs* 5. *striking crisis or climax in a drama or novel*

DROGUE ET SOCIÉTÉ

La drogue a toujours existé, les drogués aussi. Mais ce phénomène était limité à des milieux précis: artistes (les fameux "paradis artificiels" de Baudelaire, les expériences d'Henri Michaux avec la mescaline), snobs, anciens coloniaux qui avaient goûté l'opium en Orient, et gangsters. Or, depuis quelque temps, l'usage de la drogue s'est répandu très rapidement en France avec une ampleur qui a surpris tout le monde: médecins, psychiatres et sociologues. La police recense au début de 1970, 30.000 drogués (ce qui est largement au-dessous de la réalité) et remarque que le nombre des drogués délinquants a *doublé* en un an. C'est surtout parmi les jeunes que les progrès ont été rapides: 90% des intoxiqués ont moins de 30 ans, et 40% moins de 20 ans. Tous les milieux sociaux sont atteints, notamment, ce qui est nouveau, les milieux petits-bourgeois et populaires. Dans un club de jeunes de la région de Bordeaux, les éducateurs ont remarqué que les drogués sont des fils d'ouvriers, de petits commerçants et de petits employés.

Comment se présente le problème de la diffusion de la drogue?

Il y a, bien entendu, le « vendeur »; mais il ne semble pas avoir le rôle déterminant qu'on lui attribue souvent. Car il commence seulement à avoir une influence réelle quand le jeune a déjà pris l'habitude de drogues diverses faciles à obtenir et peu coûteuses. L'important est de savoir ce qui pousse un jeune à essayer la drogue *la première fois*.

On insiste souvent sur le rôle de *l'imi-tation:* la pression du groupe des camarades obligerait le jeune à adapter son comportement au leur. Ce phénomène existe, et il est certainement important. Mais on a pu constater que, dans un groupe donné, au cours d'une « soirée de drogues » (de « défonçage »), certains se droguent alors que d'autres ne le font pas, tout en restant dans le groupe: ils sont tolérés, et leur attitude n'entraîne ni l'échec de la soirée, ni la rupture du groupe. On peut donc se demander pourquoi un jeune choisira d'imiter un camarade qui se drogue plutôt qu'un autre qui ne se drogue pas. N'y aurait-il pas une orientation préalable, une sorte de besoin obscur qui se révélerait en présence d'un drogué?

Les médecins et psychologues pensent en effet que la « prédisposition » à la drogue en précède l'usage. Certaines structures psychologiques sont très fragiles: quand elles sont sur le point de s'écrouler, l'usage de la drogue peut sembler être le seul remède. Les hippies, il y a quelques années, employaient des expressions comme: « planer », « faire le voyage » pour décrire leur état quand ils se droguaient. Ils soulignaient ainsi le besoin d'une certaine élévation au-dessus de la condition habituelle, d'un départ vers un « ailleurs », qui indiquait une orientation mystique. En cela, ils rejoignaient les poètes, les visionnaires qui, dans les « paradis artificiels », ont toujours cherché une expérience nouvelle, une incitation à la création artistique, une pénétration d'un monde bizarre, surréel, véritable exploration des profondeurs de l'inconscient. « *Je* est un *autre* »

disait Rimbaud.   Malheureusement, n'importe qui ne peut pas devenir « un autre » et ces « voyages » ressemblent aux auberges espagnoles où chacun ne trouve que ce qu'il apporte. . .   Quoi qu'il en soit, les jeunes qui se droguent aujourd'hui ne parlent plus de « faire un voyage » mais de « se défoncer », ce qui a une toute autre signification: s'enfoncer, se disloquer, se détruire.   Il s'agit moins de devenir « un autre » que de s'anéantir.   Le drogué sait qu'il court un risque, mais cela lui est indifférent: il ne tient absolument pas à sa propre existence; pour lui, chaque séance de « défonçage » est comme un suicide provisoire.

Que faire devant une telle attitude? Comment l'expliquer?   L'ampleur du phénomène ne permet pas de rejeter le drogué parmi les cas pathologiques individuels: si tant de jeunes suivent la même voie, si la vie leur apparaît à tous si impossible, c'est qu'il s'agit d'une crise de la société toute entière.

Ceci est évident si l'on rapproche le phénomène de l'agitation, de la contestation étudiante de celui de la drogue: c'est bien d'une « crise de la civilisation » qu'il s'agit, tout le monde en est parfaitement conscient.   En se droguant, les jeunes manifestent leur refus du monde qui les entoure et leur opposition à leurs parents. Devant cette contestation, les adultes ne savent plus comment réagir, sinon par l'appel à une répression sauvage ou par la démission.   Certains glissent de la compréhension à l'acceptation, de l'acceptation à l'approbation, et ils arrivent à des conclusions étranges: être *pour* la drogue, c'est être *pour* la liberté et le progrès; être *contre* la drogue, c'est être *pour* la répression et l'ordre moral.   Sans réfléchir au fait que la drogue profite surtout aux trafiquants (qui s'enrichissent vite) et aux policiers (très contents d'avoir des jeunes faciles à contrôler et qui peuvent toujours devenir des indicateurs sous la menace du chantage), des adultes, des libéraux, croient défendre la liberté en défendant la « bonne drogue ».

Or, il n'y a pas de « bonne drogue ». Il est vrai que l'effet de la marijuana est limité, qu'il n'est pas toxique pour l'organisme et ne produit pas d'accoutumance, comme par exemple l'héroïne.   Mais, comme les conditions psychologiques et sociales qui poussent à l'usage de la drogue sont les mêmes pour les drogues inoffensives et pour les drogues nocives, rien ne dit qu'un usager de la marijuana ne finira pas par essayer l'héroïne.   Selon un spécialiste français, 1 drogué sur 20 au moins est *sûr* de faire cette escalade.   Le vrai problème n'est donc pas de distinguer entre les « bonnes » et les « mauvaises » drogues, mais d'éviter que les jeunes entrent en contact avec quelque drogue que ce soit.   Et il faut surtout comprendre *pourquoi* un adolescent a besoin de la drogue, et dans quelle mesure cette drogue lui donne l'impression de résoudre ses difficultés à vivre.

Le désir essentiel de la drogue paraît jouer entre deux pôles: l'évasion et la communion.   Il y a en premier lieu une peur fondamentale de la société qui est vue comme brutale, exigeante, peu agréable et sans légitimité.   Les jeunes se trouvent sur le point d'entrer dans un système rigoureux qu'ils ne comprennent pas et qui les effraye.   Cette peur a plusieurs aspects. Tout d'abord, celui de ne pas être capable de remplir son rôle (peur des responsabilités); ensuite, refus du type d'homme que la société fabrique, homme toujours occupé, nerveux, actif, utilitaire et « absent » (révolte contre les parents); enfin, crainte de perdre son individualité et de ne plus être qu'un rouage anonyme dans le super-organisme social. Le « système » leur paraît dangereux et absurde, ils n'ont aucun désir d'y pénétrer.

Comme la société demande une adhésion sans limites à ses buts et à ses activités, le refus du jeune sera absolu: il aura une conduite d'évasion totale qui se marquera par une rupture violente et complète avec le corps social. La drogue apporte précisément à l'adolescent tout ce qu'il cherche: la transgression visible d'un tabou social très fort, l'évasion absolue, et une sorte de suicide symbolique.

L'adolescent est donc convaincu que toute « communication », toute « relation » authentique avec les adultes est impossible à l'intérieur d'un corps social trop contraignant. Or, il cherche, lui, une relation absolue, et il va essayer de la trouver hors des groupes sociaux qui remplissent habituellement cette fonction (églises par exemple). C'est dans la communion de la drogue qu'il va la trouver. La participation à la drogue est un véritable acte de « communion »: c'est à la fois un langage à l'intérieur du groupe, et un substitut religieux. Il n'est pas exagéré de dire que, dans une société privée de sacré, les jeunes cherchent à créer dans et par la drogue une communauté authentique qui retrouve des valeurs essentiellement religieuses.

Bien sûr, ces réflexions ne doivent pas nous faire oublier l'atroce réalité. Comme le dit un médecin: « Quiconque a soigné ou vu des drogués, tapis dans une chambre obscure, que le moindre bruit ou le moindre rayon de lumière rend presque fous de douleur, qui a vu un homme jeune et brillant se décomposer sous ses yeux, devenir blême et, le nez pincé, transpirant, le regard traqué, s'absenter un moment pour se piquer, puis revenir apaisé, mais absent, hébété, ne peut plus supporter que le mot liberté soit associé à celui de drogue. Si l'implacable rigueur du mécanisme social conduit des adolescents à ce lamentable état, n'en sommes-nous pas responsables? Car, après tout, la société est composée d'hommes libres. Si elle aboutit à détruire ses enfants, ne faut-il pas la changer? »

. . . Il y a plus de toxicos garçons que de filles. C'est un fait que l'on s'explique mal. Peut-être parce que la fille est moins émancipée. Encore plus contrôlée que le garçon. Mais un fait que l'on ne peut pas nier c'est que l'amour est parfois une solution. Il est souvent plus fort que la came. Au départ, j'étais contre ces couples de paumés. Et l'expérience m'a prouvé que j'avais tort et eux raison. Ils ont une incroyable boulimie de tendresse. Une très grande pureté quel que soit leur passé. Un intense besoin de s'accrocher à un idéal. Il ne faudrait quand même pas en faire des paladins à la recherche de je ne sais quel Graal. Non! Les gens qui travaillent, qui se battent avec les difficultés sont eux aussi des héros. Mener un enfant à bon port, ce n'est pas rien. La preuve. Eux, sont des enfants très blessés. Très sauvages. Fiers. Susceptibles. Ecorchés vifs. Comme toute communauté minoritaire. Ils interprètent un geste de refus banal comme une offense personnelle. Ils sont à la fois très simples et très compliqués. Chacun est un cas particulier avec des constantes communes à tous.

Dr OLIEVENSTEIN
On les croit guéris. . .

ELLE. 6 novembre 72

SENS

aboutir v.tr.ind. *to end (at), to lead (to)*

absenter (s') v.pr. *to go away*

accoutumance n.f. *habit*

ailleurs *elsewhere*

• **ampleur** n.f. 1. *width* 2. *volume* 3. *importance* 4. *spread* 5. *development*

apaiser v.tr. *to pacify, to calm*

appel n.m. *call*

blême adj. *wan*

• **certain** adj. 1. *sure, undeniable* 2. *fixed, determined;* pron. indéfini p. *some, some people*

chantage n.m. *blackmail*

• **colonial** adj. *pertaining to the colonies, the French Empire;* n.m. *a man who lives or used to live in the colonies*

conduite n.f. *conduct*

constater v.tr. *to ascertain; to remark, to observe; to discover*

contraignant adj. *constraining, coercive*

crainte n.f. *fear*

• **décomposer** v.tr. 1. *to separate into elements* 2. *to distort;* **se décomposer** v.pr. 1. *to rot, to decay* 2. *to become distorted, altered*

décrire v.tr. *to describe*

• **défendre** v.tr. 1. *to protect* 2. *to support* 3. *to forbid*

défonçage n.m. *smashing, breaking*

• **défoncer** v.tr. 1. *to knock in* 2. *to turn over, to open (ground)* 3. *to rout;* **se défoncer** v.pr. 1. *to give way at the bottom* 2. *to break up (roads)*

démission n.f. *abdication, demise, resignation*

disloquer v.tr. *to dismember, to disjoint;* **se disloquer** v.pr. *to come apart*

douleur n.f. *pain*

drogué n.m. *addict*

écrouler (s') v.pr. *to break up and fall, to collapse, to crumble*

effrayer v.tr. *to frighten*

- **enfoncer** v.tr. 1. *to thrust, to push in* 2. *to smash in, to break open;*
  s'enfoncer v.pr. 1. *to sink* 2. *to bury oneself* 3. *to fail, to be ruined*
  enrichir v.tr. *to make rich;* **s'enrichir** v.pr. *to get rich*
  entraîner v.tr. *to entail*
  étrange adj. *strange*
  fou adj. *crazy, lunatic*
  glisser v.intr. *to slip*
  hébété adj. *dazed*
- **indicateur** n.m. 1. *gauge, guide* 2. *railway timetable* 3. *informer*
  inoffensif adj. *harmless*
  lamentable adj. *distressing, pitiful*
  moindre adj. *least*
- **nerveux** adj. 1. *excitable* 2. *vivacious* 3. *vigorous* 4. *nervous*
  nocif adj. *harmful*
  occupé adj. *busy*
  pincé adj. *pinched*
  piquer v.tr. *to inject;* **se piquer** v.pr. *to give oneself an injection*
  planer v.intr. *to soar*
  point n.m. *point;* **sur le point de** *on the verge of*
  policier n.m. *policeman*
  préalable adj. *preliminary, previous*
  prédisposition n.f. *susceptibility*
- **privé** adj. *private, intimate;* **priver** v.tr. *to deprive* p. passé: privé
  profondeur n.f. *depth*
  provisoire adj. *temporary*
  quelque . . . que ce soit *whatever . . . it may be, any . . . whatsoever*
  quiconque pron. indéfini *whoever*
  quoi qu'il en soit *whatever the case may be, be that as it may*
  rapprocher v.tr. *to bring together, to compare*
  rayon n.m. *ray*
  réagir v.tr.ind. *to react*
  recenser v.tr. *to count*
  regard n.m. *gaze*
  rejoindre v.tr. *to join, to catch up with*
  remplir v.tr. *to fill, to fulfill*
  rendre v.tr. *to return;* rendre + adj.: *to make* + adj.
  rouage n.m. *cog*
- **sauvage** adj. 1. *wild* 2. *shy* 3. *uncivilized* 4. *cruel, brutal*
  séance n.f. *session, meeting*
  soigner v.tr. *to treat, to take care of*
  souligner v.tr. *to underline*
  supporter v.tr. *to bear, to stand*
- **tapis** n.m. *carpet;* **se tapir** v.pr. *to squat, to cower* p. passé: **tapi**

trafiquant n.m. *someone dealing in illicit commerce*
transpirer v.intr. *to perspire*
traquer v.tr. *to surround and close in on game, to hem in*
usager n.m. *user*
voie n.f. *way*

LA FRANCOPHONIE

En 1944, à la conférence de Bretton Woods réunie pour mettre au point les structures de l'Organisation des Nations Unies, le français ne fût adopté comme langue officielle qu'à une seule voix de majorité. Le prestige de la langue française était donc assez bas à cette époque, et il semblait bien que l'anglais, le russe et le chinois seraient, à brève échéance, les seules langues officielles des Nations Unies. Or, en 1971, le groupe des nations francophones de l'ONU, sous la présidence du chef de la délégation tunisienne, comptait trente membres. Le français avait retrouvé son prestige international, et sa situation comme langue officielle des organisations internationales était très affermie.

Que s'est-il passé en 25 ans, qui explique ce revirement? Le nombre total des francophones n'a pas augmenté dans des proportions dramatiques. Mais, presque toutes les anciennes colonies françaises ont accédé à l'indépendance et ont conservé le français comme langue officielle. Et surtout, des hommes d'état africains comme Léopold Sédar Senghor, Habib Bourguiba et Houphouët-Boigny se sont faits les prophètes de la francophonie.

Qu'est-ce donc que la francophonie?

Au sens politique, il s'agit d'un mythe créateur: c'est la mise en œuvre, par les institutions et par les hommes, d'une solidarité naturelle et consciente, créée par l'usage de la même langue. Cette façon linguistique de partager le monde au nom d'une solidarité de civilisation et d'une géographie humaine que les atlas ignorent, est nouvelle; mais elle a une histoire.

En 1784, l'Académie de Berlin propose comme sujet de discours: « L'Universalité de la langue française ». Elle regarde ce fait comme une évidence; il ne s'agit pas de le justifier, mais de l'expliquer. Et c'est vrai que, dans les milieux dirigeants, sociaux et politiques de toute l'Europe, tout le monde parle français. Les princes allemands imitent Versailles et entretiennent « leur » philosophe, « leur » lecteur de français, leur maître à danser et leur professeur—français bien sûr—de savoir-vivre. Voltaire est l'hôte de Frédéric II à Potsdam, et Diderot celui de la Grande Catherine à Saint-Pétersbourg. L'Europe, culturellement, vit à l'heure française.

Quelles sont les causes de cette suprél'universalité de la langue française » fut matie? Rivarol, dont le « Discours sur couronné par l'Académie de Berlin, expliquait avec tact, que le succès généralisé du français, était dû à ses qualités de clarté et de logique. On peut douter que ces qualités soient le privilège unique de la langue française, mais il est vrai qu'elles brillent particulièrement dans la littérature française classique, qui a toujours insisté sur le raisonnable, le rationnel et l'universel, et par conséquent, a été comprise par les Européens comme une littérature aussi européenne que spécifiquement française.

Ce succès de la langue française n'a pourtant pu être complet que parce que la

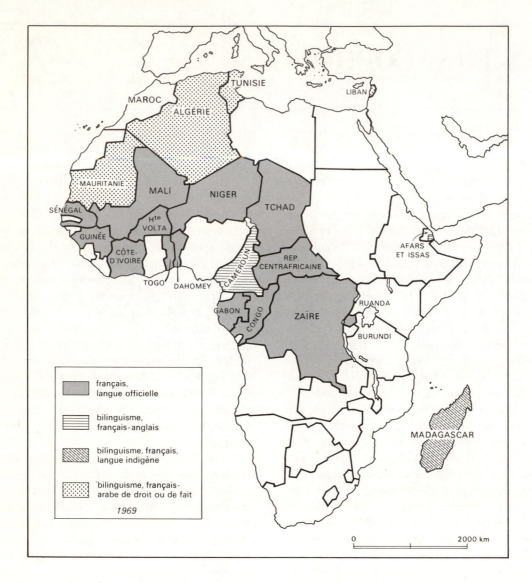

français,
langue officielle

bilinguisme,
français-anglais

bilinguisme, français,
langue indigène

bilinguisme, français-
arabe de droit ou de fait

1969

France était le pays le plus peuplé, et, pendant un temps, le plus puissant de l'Europe. Louis XIV a assuré l'hégémonie politique française; l'Espagne, à partir de 1708, est gouvernée par des Bourbons descendants de Louis XIV; l'Angleterre commence à peine à prendre son essor, et toute l'Allemagne est morcelée. Ironie, c'est la Prusse de Frédéric II, grand ami de Voltaire, qui ne parlait que français, car, disait-il, l'allemand était tout juste bon pour son cheval et ses valets, qui fera, un siècle plus tard, l'unité allemande et vaincra la France en 1871. Il n'est pas jusqu'aux fautes de Louis XIV qui ne servent la langue française: la révocation de l'Edit de Nantes en 1685 fit émigrer de nombreux Protestants qui s'installèrent en

Allemagne et en Hollande où ils consti-
tuèrent de nombreux îlots de culture francophone. C'est grâce à eux, en particulier,
que tous les ouvrages menacés en France
par la censure royale pourront être im-
primés, et ensuite, vendus en France,
clandestinement.

Il est donc clair qu'il y a un rapport
très étroit entre la diffusion du français
dans le monde et la puissance politique de
la France. Au 18ème siècle, la prépondérance du français a été liée à des valeurs
aristocratiques. Le « modèle » féodal
était, au fond, à peu près le même partout,
et c'est la France qui l'avait porté à son
plus haut degré de raffinement. Au 19ème
siècle, le français va perdre en Europe la
prépondérance, qu'il avait auparavant,
mais il va s'implanter sur d'autres continents, en Afrique, et en Extrême-Orient,
grâce aux conquêtes coloniales. L'attitude
colonialiste française a toujours été l'intégration, et tout le système d'enseignement
établi en Afrique noire, par exemple, est
la copie exacte du système métropolitain;
le français est donc enseigné à Dakar ou
à Abidjan exactement comme à Paris ou
à Lyon. Mais il est bien évident que seule
une très petite élite indigène fréquente
les écoles françaises. La diffusion de la
culture française continue donc à garder,
au 19ème siècle, les caractéristiques qu'elle
avait sous l'Ancien Régime: seules les
classes dominantes y ont accès, et ceci est
justement un aspect de leurs privilèges.
Ce lien entre l'usage du français et une
sorte de tradition aristocratique restera vrai
jusqu'au milieu du 20ème siècle, et ceci
explique en partie la situation relativement
précaire de 1944 dont il a été question
plus haut. Toute l'évolution du 20ème
siècle, en Occident et dans le Tiers Monde
vers le nivellement social et culturel, vers

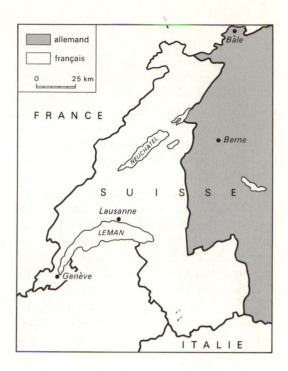

la « démocratisation », a joué contre l'expansion de la langue française, vue trop
souvent comme l'outil culturel d'une minorité privilégiée. Mais à partir de la fin
des années 50, la situation a radicalement
changé avec l'accession à l'indépendance
de toutes les anciennes colonies françaises;
tous ces pays nouveaux ont, par nécessité
ou par choix, conservé le français comme
langue officielle. D'autre part, au même
moment, la minorité linguistique française
du Canada, les Québécois, a de plus en
plus vigoureusement affirmé son indépendance culturelle. C'est cette convergence
qui a produit la Francophonie.

Le 20 mars 1970, à Niamey, dans le
Niger, 21 pays ont signé l'accord créant
l'Agence de Coopération Culturelle et
Technique des pays francophones. Sur
ces 21 pays, 15 sont d'anciennes colonies
ayant accédé depuis peu à l'indépendance.

Ils sont d'ailleurs loin de constituer les seuls états francophones. Il faut signaler que 1 million de Suisses parlent français, comme 3 millions de Belges et 4 millions de Haïtiens, dont la variété de français s'appelle le créole. En Afrique, la Mauritanie, la Guinée, le Congo, le Zaïre, le Maroc et l'Algérie appartiennent aussi à la francophonie. Si bien que si l'on ajoute les 56 millions des pays absents aux 133 millions des signataires de la convention de Niamey, on atteint un total de 190 millions de francophones. Bien sûr, ces chiffres sont optimistes. Pour l'Afrique par exemple, il faut tenir compte du degré d'alphabétisation et de scolarisation. Un fonctionnaire français estimait que, vers 1970, 10% seulement des Africains comprenaient et parlaient le français. Cela n'empêche d'ailleurs pas que, au fur et à mesure qu'ils sont scolarisés, les Africains apprennent le français: ils sont donc tous des francophones potentiels sinon réels.

Que représente la francophonie?

Un journaliste étranger présent à la conférence de Niamey écrit ceci:

« On ne peut qu'être frappé par la cohésion et la vigueur sentimentale de la commune appartenance. . . on y sentait, au delà d'une simple communauté de langue, une sympathie et une parenté dans la façon d'aborder les problèmes et d'envisager le monde, entre tous les partenaires. »

Léopold Sédar Senghor, président du Sénégal et grand écrivain d'expression française, écrit lyriquement:

« La Francophonie, c'est cet Huma-

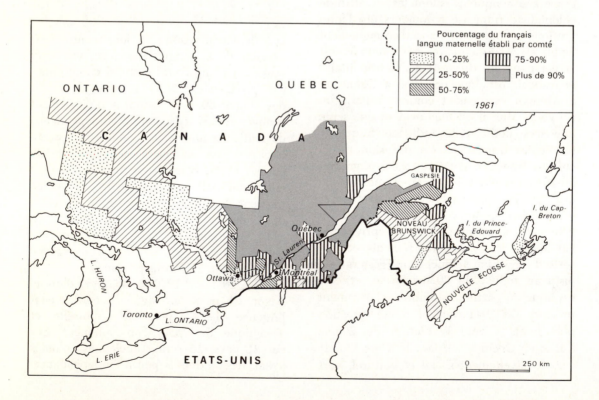

nisme intégral qui se tisse autour de la terre: cette symbiose des énergies dormantes de tous les continents, de toutes les races, qui se réveillent à leur chaleur complémentaire. »

Le rapprochement de ces deux citations montre bien que la communauté de pensée qui naît de l'utilisation d'une langue commune transcende les nationalismes, pour exprimer des valeurs humaines qui se veulent universelles.

Cet essor de la francophonie correspond à un affaiblissement de la France sur la scène internationale. Les années 45 à 60 environ ont été celles de la guerre froide, de l'affrontement des deux grandes superpuissances: URSS et Etats-Unis. Cet équilibre a été modifié par l'accession de la Chine au « club » atomique et par l'évolution de l'Europe vers la Communauté économique. La France, pour ses anciennes colonies, est peut-être encore souvent le « protecteur », mais infiniment moins dangereux que le protecteur américain, russe ou chinois, parce que moins puissant. Son importance dans la francophonie n'est donc plus, comme aux 18ème et 19ème siècles, liée à sa puissance politique. Elle continue pourtant à jouer un rôle essentiel.

L'anglais, l'espagnol, le portugais, langues européennes, ont déplacé, au cours des siècles, leur centre de gravité vers l'Amérique. On parle plus espagnol en Amérique latine qu'en Espagne; le Brésil vaut 10 Portugal. Quant à l'anglais, s'il domine dans le monde, c'est grâce aux Etats-Unis et non plus à l'Angleterre. Dans le cas de ces trois langues, les rapports avec la « mère patrie » linguistique sont plus sentimentaux que nécessaires. Il en va tout autrement avec le français. Les 51 millions de Français représentent, de loin, le bloc le plus massif parmi les peuples

francophones. Isolés de la France, ces peuples auraient sans doute oublié peu à peu le français. C'est par la France qu'ils se rencontrent, et c'est en elle qu'ils retrouvent leurs traits communs. Ce rôle-pivot de la France est dû essentiellement à deux faits.

Le premier est l'importance de l'édition, qui est centralisée à Paris. Les écrivains québecois, suisses ou belges peuvent se faire éditer dans leur pays, mais tous ceux qui ont une audience internationale sont édités à Paris. De même, la plupart des livres africains (littérature et pédagogie) sont publiés à Paris.

Le second fait est que, parmi toutes les variétés de français que l'on trouve dans la Francophonie, c'est le français de France qui reste la norme de communication. Ce français, dit « standard », a fait, à son profit, l'unification linguistique en France même. Il a dû, pour cela, supplanter des langues vigoureuses comme le provençal, l'occitan et le breton. A l'heure actuelle, ce problème de la co-existence des langues régionales en France reprend de l'acuité: la tendance à la régionalisation est réelle, et les étudiants bretons réclament des cours en breton, les étudiants toulousains, en occitan. C'est peut-être l'expérience de cette situation en France même, qui donne au français une assez grande souplesse (psychologique autant que linguistique) pour lui permettre, hors de France, d'être une variété de français qui a son originalité, mais qui conserve son universalité en restant compréhensible pour un autre francophone.

La Francophonie existe. Elle a son cadre légal: « l'Agence de Coopération Culturelle et Technique des pays francophones ». Il reste des obstacles à surmonter. Des pays comme l'Algérie, la Guinée, la Mauritanie se tiennent à l'écart

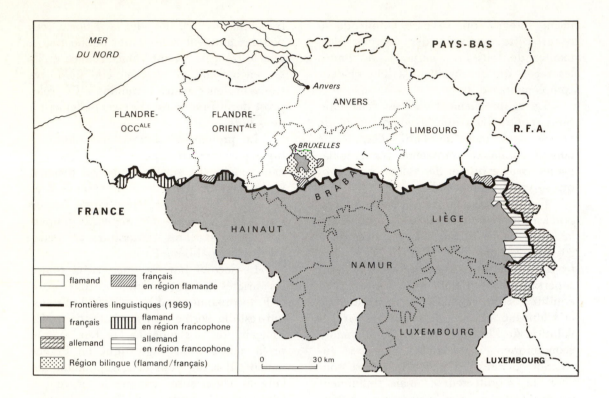

parce qu'ils ne sont pas encore convaincus que l'entreprise francophone a perdu tout relent de paternalisme et de néocolonialisme. Les problèmes politiques ne sont donc pas négligeables. Mais on peut aussi constater qu'entre tous les membres de l'Agence, la coopération multilatérale s'ins-

titutionnalise. Il faut espérer que ce regroupement international mènera une politique de coopération sans exclusive ni arrière-pensée d'hégémonie, qui permettra aux affinités culturelles de 190 millions d'hommes de s'épanouir pleinement.

Diffusion du français dans le monde au moyen de l'enseignement :

l'Alliance française (établissement privé) :

    1.200 comités dans le monde
    350.000 membres
    177.000 étudiants
    665 professeurs

Etablissements officiels :

    116 lycées hors de France
    43 Instituts français
    183 centres culturels
    32.000 enseignants

Les 21 pays signataires de l'accord de Niamey

la Belgique (9.600.000 hab. dont 3.200.000 francophones)
le Burundi (3.300.000 hab.)
le Cameroun (6.000.000 hab.)
le Canada (5.000.000 de francophones)
la Côte d'Ivoire (5.000.000 hab.)
le Dahomey (2.500.000 hab.)
la France (51.000.000 hab., en 1971)
le Gabon (650.000 hab.)
la Haute-Volta (5.000.000 hab.)
le Luxembourg (300.000 hab.)
Madagascar (6.500.000 hab.)
le Mali (4.750.000 hab.)

l'île Maurice (800.000 hab.)
Monaco (23.000 hab.)
le Niger (3.15000.000 hab.)
le Ruanda (3.300.000 hab.)
le Sénégal (4.000.000 hab.)
le Tchad (4.000.000 hab.)
le Togo (1.7000.000 hab.)
la Tunisie (4.600.000 hab.)
le Vietnam Sud (17.000.000 hab.)

Ils représentent une population totale de 133 millions. Le secrétaire général de l'Agence est un Canadien: Monsieur Jean-Marc Léger.

SENS

- **aborder** v.intr. *to land* v.tr. 1. *to approach* 2. *to arrive at* 3. *to attack*
  acuité n.f. *sharpness, acuteness*
  affaiblissement n.m. *weakening*
  affermir v.tr. *to strengthen, to confirm*
  alphabétisation n.f. *the process of making literate*
  Ancien Régime n.m. *the French Monarchy before the Revolution*
  appartenance n.f. *the fact of belonging*
  arrière-pensée n.f. *mental reservation, hidden design*
  audience n.f. *readership, reading public, following*
  auparavant adv. *formerly*
  bas adj. *low*
  censure n.f. *censorship*
  chaleur n.f. *warmth*
- **chiffre** n.m. 1. *figure, number* 2. *total amount* 3. *cipher, cryptogram* 4. *monogram*
  citation n.f. *quotation*
  clandestin adj. *secret, underground;* **clandestinement** adv.

déplacer v.tr. *to move*

dormant adj. *sleeping*

échéance n.f. *due date;* **à brève échéance** *shortly*

écrivain n.m. *writer*

édit n.m. *edict*

éditer v.tr. *to publish*

• **édition** n.f. 1. *edition* 2. *publication* 3. *repetition* 4. *publishing business*

épanouir (s') v.pr. *to open (of flowers), to bloom*

essor n.m. *soaring, rise*

étroit adj. *narrow*

exclusive n.f. *the fact of excluding*

faute n.f. *mistake*

fit (v.: faire) passé simple

fond n.m. *bottom;* **au fond** *in reality, actually*

• **fréquent** adj. *frequent;* **fréquenter** v.tr. *to go habitually, to attend*

fur n.m. *used only in the expression:* **au fur et à mesure** *gradually; as . . .*

haut adv. *high;* **dont il a été question plus haut** *which has already been mentioned*

imprimer v.tr. *to print*

indigène n.m., adj. *native*

jusque prép. *up to;* **il n'est pas jusqu'aux fautes de Louis XIV qui ne servent** *even Louis XIV's faults help*

juste adv. *only;* **tout juste** *barely*

lien n.m. *link*

mère n.f. *mother*

mise (n.f.) **en œuvre** (n.f.) *putting into effect, giving shape to, utilization*

morceler v.tr. *to parcel out, to cut up*

• **mythe** n.m. 1. *traditional legend* 2. *a collective belief transforming historical persons, events, social phenomena* 3. *fable, fiction*

nivellement n.m. *leveling*

outil n.m. *tool*

parenté n.f. *kinship*

• **passer** (se) v.pr. 1. *to pass* 2. *to happen* 3. *to do without*

patrie n.f. *fatherland*

pensée n.f. *thought*

peu adv. *little;* **depuis peu** (de temps) *recently*

près adv. *near;* **à peu près la même** *pretty much the same*

produire v.tr. *to bring forth*

puissant adj. *powerful*

quant à *as for*

relent n.m. *bad odor*

réveiller (se) v.pr. *to awake*

revirement n.m. *sudden change, reversal*
savoir-vivre n.m. *etiquette, good manners*
scolarisation n.f. *schooling*
si bien que *so much so that, consequently*
signataire n.m. *signer*
souplesse n.f. *flexibility*
surmonter v.tr. *to overcome*
tisser v.tr. *to weave;* **se tisser** v.pr. *to be woven*
- **trait** n.m. 1. *dart* 2. *gulp* 3. *stroke (of pen)* 4. *sudden idea* 5. *feature, characteristic* 6. *deed* 7. *line (of a drawing)*
vaincre v.tr. *to defeat*

JUSQU'OÙ VONT-ELLES ALLER, LES FEMMES?

En 1945, les femmes obtenaient en France le droit de vote. Depuis, grâce à une succession de lois diverses—protection contre la discrimination en matière de salaire, droit d'exercer une profession sans l'autorisation du mari, partage légal de l'autorité parentale, les Françaises ont accompli de réels progrès dans la voie de l'égalité sociale. Il est vrai qu'elles partaient de loin. Le code civil rédigé par Bonaparte en 1802, et qui régit toujours les rapports légaux en France, était très antiféministe, et malgré de réels aménagements, il le reste encore. Par exemple, si le mari meurt sans laisser de testament, la femme, veuve avec un enfant, n'a droit qu'à une part infime de l'héritage et seulement en usufruit. Si elle n'a pas d'enfant, et si le mari a des frères et des sœurs, elle n'aura qu'un usufruit de 50%. Son mari a d'ailleurs le droit de la déshériter totalement. Suivant la même inspiration, le code pénal prévoit des peines différentes pour la femme qui trompe son mari—elle risque 3 mois à 2 ans de prison, et pour le mari qui trompe sa femme—il ne risque qu'une amende, et encore, seulement si sa maîtresse habite au domicile conjugal!

Les progrès sont lents, très lents. Des lois nouvelles ne suffisent pas à établir dans les faits une égalité reconnue dans son principe. Et les femmes, fatiguées de subir l'exploitation, l'oppression, la ségrégation pratiquée dans une société dominée par les hommes, se révoltent. Ce n'est pas une révolution violente. L'Histoire explique qu'en France les rapports ne soient tout de même pas trop mauvais entre hommes et femmes. C'est en France, au Moyen Age, qu'est né l'amour courtois; en France, les hommes et les femmes s'aiment bien. Les hommes recherchent la société des femmes, ils goûtent leur conversation, s'intéressent à leurs opinions et respectent le plus souvent leur jugement sur le plan moral et intellectuel. Les Françaises ne se sentent pas aussi négligées ou opprimées que certaines de leurs sœurs au-delà des frontières. Pourtant, la prise de conscience d'inégalités, d'injustices scandaleuses est aujourd'hui générale à tous les niveaux d'âge et de classe.

Pourquoi ce mouvement?

Quelques chiffres permettent de comprendre pourquoi la prise de conscience de la condition féminine se fait aujourd'hui. En 1900, une femme vivait en moyenne 50 ans; elle atteignait la puberté à 14 ans et se mariait à 25 ans. Sa vie de femme mariée ne dépassait donc pas 25 ans. En 1970, une femme vit jusqu'à 77 ans, en moyenne, mais elle atteint la puberté dès 12 ans et se marie à 22 ans, ce qui lui laisse 55 ans pour vivre avec son mari. Or, dans tous les pays développés d'Europe et d'Amérique, plus de 50% des femmes ont leur dernier enfant à 26 ans. Quand ce dernier enfant va à l'école primaire, à 6 ou 7 ans, sa mère n'a que 32 ou 33 ans, c'est-à-dire 44 ans de vie active devant elle. Comment va-t-elle les employer? C'est la première fois qu'une telle question se pose aux femmes, comme c'est aussi la première fois, que grâce à la diffusion massive de procédés anticonceptionnels efficaces, la fécondité et la sexualité se trouvent séparées. On conçoit que la vie des femmes en soit profondément modifiée. Parallèlement, bien sûr, son statut dans la société change; elle accède à des responsabilités nouvelles, les portes s'ouvrent devant elle, mais ce sont les portes d'un univers masculin conçu par et pour des hommes. D'où ce malaise, ce mécontentement, cette prise de conscience des femmes d'aujourd'hui.

Que veulent-elles?

En avril 1972, un sondage portant sur un échantillonnage national de 1.000 femmes âgées de 18 à 25 ans a été fait en France par un groupe d'enquêtes sociologiques. Les résultats de cette enquête sont donnés ici. (Voir page 262.) Il est intéressant de remarquer tout de suite que 82% de ces jeunes Françaises sont contentes d'être femmes, que 93% d'entre elles veulent travailler, et que 94% veulent également des enfants (2 en moyenne). Le désir d'avoir un métier n'exclut donc pas du tout celui d'avoir des enfants.

Pourquoi travailler? La réponse « pour réussir professionnellement » ne totalise que 2% des voix. Pourtant ces jeunes Françaises se croient aussi bien préparées que les garçons à la vie professionnelle (66%); elles s'estiment, à compétence égale, aussi efficaces qu'un homme (78%); et elles pensent que dans la société française actuelle, cela n'a aucune importance d'être une femme plutôt qu'un homme (66%). Ces réponses semblent indiquer que ces jeunes femmes se trouvent relativement à l'aise dans la société actuelle. Leur inquié-

tude semble être essentiellement d'ordre économique. 75% d'entre elles sont convaincues qu'à compétence égale, une femme est moins payée qu'un homme, et 68% voient dans la correction de cette inégalité flagrante la tâche dont il faut s'occuper par priorité.

Le travail

Les statistiques dont on dispose pour l'ensemble de la France leur donne tout à fait raison. Une loi récente (décembre 1972) condamne à une amende le patron qui continue à sous-payer sa main d'œuvre féminine. Malheureusement, les structures économiques et les mentalités françaises ne semblent pas prêtes pour un telle évolution. En France, une femme gagne toujours, à compétence et responsabilités égales, de 7 à 34% de moins qu'un homme. Récemment, une femme ingénieur chimiste, chef de service dans une grande société, démissionnait avec fracas: malgré ses diplômes, ses responsabilités et ses protestations, elle gagnait 40% de moins que ses collègues hommes de même rang.

Les causes de cette inégalité sont trop profondes pour disparaître par le seul effet magique d'un vote au Parlement. La principale de ces causes est la ségrégation traditionnelle dont souffre dans son travail le sexe féminin. Elle se manifeste au niveau de la formation professionnelle, (trop de métiers sans débouchés; en 1969, 83% des filles dans les lycées techniques ont passé un CAP d'employée de bureau et de couture; dans les Facultés, les 2/3 des filles préparent des Licences de Lettres qui ne peuvent les mener qu'à un professorat déjà encombré), au niveau du recrutement (trop d'emplois refusés aux femmes), et au niveau du marché (les femmes sont toujours les premières victimes des crises économiques).

Le schéma (p. 261) de la répartition des salaires est éloquent. En 1968, 88,5% des femmes qui travaillaient étaient ouvrières, vendeuses, employées de bureau, et gagnaient moins de 1.500 Francs par mois. Alors que seulement 71,5% des hommes salariés gagnaient moins de 1.500 Francs. Pourtant, en France, ça ne va pas si mal. N'est-ce pas le pays occidental qui compte la plus forte proportion d'ingénieurs femmes et le taux le plus haut de femmes diplômées d'études supérieures qui continuent à travailler? Et les femmes dentistes, médecins, avocates et juges sont proportionnellement plus nombreuses qu'aux Etats-Unis. Cependant, l'immense majorité des femmes non seulement gagnent, à travail égal, beaucoup moins que les hommes, mais elles sont cantonnées dans les activités les moins rémunératrices. On comprend donc pourquoi le sentiment d'insécurité économique est très vif chez les jeunes Françaises d'aujourd'hui.

La vie politique

Pour changer les conditions de vie, il faut participer à la politique. Que font les femmes? En 1971 il y avait en France 1 femme ministre (sur 40), 7 députés (sur 480), 421 maires (sur 38.000). C'était peu; même moins qu'en 1945. En fait, toutes les enquêtes aboutissent au même résultat: les Françaises sont mauvaises citoyennes. Elles votent peu, militent rarement et dans l'ensemble s'intéressent beaucoup moins que les hommes aux affaires publiques. En juin 1970, 47% des hommes se disaient intéressés par les problèmes politiques contre seulement 31% des femmes. D'une façon générale, dans ce domaine, les femmes semblent très traditionalistes. Leur horizon social est le plus souvent restreint à la cellule familiale qui reste pour elles l'essen-tiel. Ce qui permet à la société dans son ensemble, c'est-à-dire aux hommes qui la dirigent, de justifier la discrimination économique. Celle-ci ne peut être facilement résolue car elle n'est que l'aspect le plus visible d'un problème plus vaste, celui de la place de la femme dans la société.

Décoloniser la femme

« Il faut décoloniser la femme » disait récemment un ministre. Mais, comme tout colonisé, la femme a reçu des modèles de conduite de ses colonisateurs, les hommes qui lui ont enseigné qu'elle devait d'abord se consacrer à son mari et à ses enfants. Ce qu'il faut donc changer en priorité, c'est l'éducation, la formation. Si les femmes ne participent guère à la politique, c'est qu'elles n'y ont pas été préparées comme les hommes; c'est l'atmosphère familiale, la formation scolaire, l'apprentissage de la vie en société qui ont créé ce comportement.

Françoise Giroud, directrice de L'Express, pense qu' « on doit pouvoir aujourd'hui rendre possible un certain nombre de choses qui ne l'étaient pas, et en particulier, permettre aux femmes d'apparaître décapées de leur sexe social. » C'est bien dire que la femme est aliénée, non pas seulement par sa condition sociale, comme l'homme, mais en plus par sa condition de femme. Car, qu'est-ce que le « sexe social », sinon l'image reçue de vingt siècles de culture chrétienne plaquée sur la féminité authentique, une image artificielle qui dit: «La femme est dépensière, capricieuse . . . . la femme est un objet. » Cette image n'est le privilège d'aucun groupe social, elle appartient à tous les hommes. Ecoutez une militante du Mouvement de Libération de la Femme: «Les hommes, même les militants révolutionnaires, ont tous, un jour ou l'autre, participé à notre agression. Les

REPARTITION DES SALARIES (en pourcentage) SELON LE MONTANT DE LEURS SALAIRES

HOMMES	FEMMES	FRANCS PAR MOIS
2,1	0,2	Plus de 5000
13,2	4,1	2000 à 5000
13	7,2	1500 à 2000
34,2	22,4	1000 à 1500
17,1	19	800 à 1000
11,8	26,2	600 à 800
3,2	10,5	500 à 600
1,6	4,6	400 à 500
3,8	5,8	Moins de 400

30 25 20 15 10 5 0 5 10 15 20 25 30

Chiffres fournis par l'I.N.S.E.E. pour 1968

femmes n'ont même plus le droit de se refuser aux relations sexuelles. Tu es libérée, nous disent les militants, tu couches avec moi. Ça fait partie de tes obligations. On met tout en commun: le pain, le beurre, le sucre. Et les femmes. » Pour citer encore Françoise Giroud: « Il n'y a pas d'image toute faite de l'homme. On admet que l'homme puisse être brutal mais tendre, tyrannique mais généreux, bon et mauvais à la fois. Ambigu en un mot. La femme en revanche, ne peut être que mère ou putain, digne ou indigne. »

La femme d'aujourd'hui cherche à briser le carcan de cette fausse image, de ce mythe dans lequel on l'enferme. Elle cherche à conquérir sa dignité d'individu libre. On lui a toujours dit: « Sois belle et tais-toi. » Belle, elle veut bien l'être, encore qu'elle soit en train de découvrir que la beauté est aussi un piège, puisqu'elle l'aliène en la réduisant à l'image de son physique. Quant à se taire, non, aujourd'hui, elle le refuse énergiquement.

L'avenir

Les hommes commencent d'ailleurs à entendre cette protestation, comme en témoignent certaines réponses faites à un questionnaire à la fin de 1972 (1.000 hommes de 20 à 65 ans). La comparaison des réponses avec celles d'enquêtes plus anciennes montre bien ce qui change: l'image que les hommes se font des femmes, de la femme d'aujourd'hui, mais aussi de la femme traditionnelle, leur mère ou leur épouse. (Enquête 2: p. 265)

Une première constatation étonne: 86% des hommes ne seraient pas gênés si leur femme gagnait plus d'argent qu'eux, et 85% d'entre eux accepteraient que leur femme occupe une fonction sociale plus importante qu'eux. Les réponses recueillies par catégories socio-professionnelles indiquent que ceux qui s'adapteraient le mieux à cette situation sont les petits commerçants et les ouvriers; le plus mal, les gros commerçants et les cadres supérieurs. Il est donc évident que les hommes en 1972 acceptent le travail féminin. En 1963, une enquête donnait 56,1% des hommes comme hostiles au travail des femmes. En octobre 1972 le sondage de l'Express indique que seulement 16% des hommes pensent que les femmes ne devraient pas travailler.

S'ils acceptent que leurs femmes travaillent, les hommes sont prêts à les aider dans les travaux domestiques: 42% les aident souvent, 46% quelquefois. Ils ne font peut-être pas grand'chose, mais c'est avec bonne volonté: ils descendent les poubelles, ils mettent le couvert, ils font la vaisselle et le marché. Une seule terreur pour les jeunes pères: les bébés. Ça pleure et c'est sale: 61% des pères pensent qu'il ne leur revient pas de s'en occuper.

Les nouveaux rapports entre la femme et le travail, entre l'homme et le travail domestique, créent petit à petit une nouvelle image de la femme. L'adjectif qui définit le mieux la jeune femme d'aujourd'hui, c'est: libre. Si sa liberté est reconnue et acceptée par la majorité des hommes, la femme finira bien par la concrétiser dans sa vie économique et sociale. Sans doute les Français, influencés dès le début de leur Histoire par l'égalitarisme germanique et celtique, marqués ensuite par plusieurs siècles d'amour courtois, étaient-ils mieux préparés que les Anglo-Saxons de pure lignée à accueillir la révolution des femmes. Ils acceptent les changements, même si c'est en grognant, plutôt que de les combattre. Prudents? résignés? les deux peut-être; ou encore, simplement, pratiques. Peu importe la raison! ça marche, et même mieux qu'ailleurs. Il s'agit maintenant de passer de l'ère des images, de la volonté, de la virtualité à celle des réalisations. Ainsi, la décolonisation de la femme française sera un fait accompli pour la prochaine génération.

Enquête 1 (avril 1972) Plus riche ou plus intelligente?

1. Pour une femme: quelle vous paraît être la meilleure solution?

Travailler toute sa vie	11%
Travailler jusqu'au mariage	4%
Travailler jusqu'à ce qu'elle ait des enfants	26%
S'arrêter le temps d'élever les enfants et reprendre ensuite	52%
Ne pas travailler	5%
Sans opinion	2%

2. Les filles sont-elles mieux ou moins bien préparées que les garçons à exercer un métier?

Mieux préparées	9%
Moins bien préparées	21%
Ni mieux, ni moins bien préparées	66%
Sans opinion	4%

*3. Quelles sont les principales raisons qui poussent les femmes à travailler?

* Si le total est supérieur à 100%, les personnes ont donné plus d'une réponse.

Gagner leur vie	34%
Améliorer le budget du ménage	56%
Assurer leur indépendance; n'être à la charge de personne	27%
Ne pas s'occuper seulement de tâches familiales et ménagères	12%
Ne pas rester seule à la maison	11%
Réussir professionnellement	2%
S'épanouir intellectuellement	9%
Etre à égalité avec les hommes	6%

4. Parmi les femmes célèbres suivantes, laquelle auriez-vous aimé être?

Sylvie Vartan	8%
Elisabeth d'Angleterre	7%
Indira Gandhi	13%
Simone de Beauvoir	17%
Liz Taylor	8%
Bernadette Devlin	9%
Aucune	32%
Ne savent pas	6%

5. A compétences égales, une femme est-elle aussi efficace qu'un homme?

Plus efficace	8%
Aussi efficace	78%
Moins efficace	10%
Sans opinion	4%

6. Si l'on vous proposait de réaliser un des trois vœux suivants, lequel choisiriez-vous?

Etre plus riche	30%
Etre plus jolie	4%
Etre plus douée intellectuellement	62%
Ne savent pas	4%

7. Souhaiteriez-vous avoir des enfants?

OUI, un	8%
OUI, deux	54%
OUI, trois	24%
OUI, quatre et plus	8%
NON	6%

A noter: le pourcentage relativement important (27%) de jeunes femmes qui veulent travailler pour assurer leur indépendance. Le sentiment d'un handicap intellectuel tout en se disant aussi efficaces que les hommes et aussi bien (ou mal) préparées que les garçons. Le nombre, faible en pourcentage mais important intrinsèquement, des jeunes femmes qui ne veulent pas d'enfants: 6% = 202.074.

Être un homme ou être une femme

8. Parmi les tâches suivantes quelles sont les deux dont il faudrait s'occuper en priorité?

Donner de plus grandes possibilités de formation professionnelle aux jeunes filles	35%
Voter une loi autorisant l'avortement	19%
Ouvrir des garderies d'enfants collectives	28%
Donner aux mères d'enfants en bas âge la possibilité de travailler pendant quelques années à temps partiel	47%
Faire que les femmes qui travaillent aient à compétences égales des salaires égaux à ceux des hommes	68%
Sans opinion	1%

*9. Pour y parvenir les femmes doivent-elles plutôt. . .

. . . faire confiance au gouvernement, aux partis politiques et aux syndicats   21%
. . . participer à l'action d'un parti politique   11%
. . . exercer des responsabilités syndicales   18%
. . . participer à l'action de mouvements féminins   23%
. . . fonder elles-mêmes un grand parti de femmes   21%
Sans opinion   14%

10. Il peut arriver que ce soit la femme qui gagne l'argent du ménage. Est-ce normal, pas normal, ou cela n'a-t-il aucune importance?

Normal   68%
Pas normal   12%
Cela n'a aucune importance   19%
Sans opinion   1%

11. L'avortement en France, devrait-il être autorisé par la loi?

OUI, dans tous les cas lorsque la femme le demande   30%
OUI, mais seulement dans les cas exeptionnels   67%
NON, en aucun cas   13%

---

* Si le total est supérieur à 100%, les personnes ont donné plus d'une réponse.

12. Dans la société d'aujourd'hui, vaut-il mieux être un homme, une femme, ou cela n'a-t-il aucune importance?

Etre un homme   19%
Etre une femme   15%
Cela n'a aucune importance   66%

13. Certains disent que toutes les femmes ont des intérêts communs à défendre. Etes-vous. . .

. . . tout à fait d'accord   54%
. . . plutôt d'accord   33%
. . . plutôt pas d'accord   6%
. . . pas d'accord du tout   1%
Sans opinion   6%

14. Auriez-vous préféré être un homme?

Je suis contente d'être une femme   82%
J'aurais préféré être un homme   15%
Ne savent pas   3%

A noter: la contradiction entre le travail, souhaité, et les enfants, également souhaités, et le flottement ou le scepticisme quand on évoque les moyens d'action pour satisfaire les revendications. La bonne santé psychique de l'immense majorité, qui n'a pas envie d'appartenir à l'autre sexe. La restriction sur l'avortement . . . mais avec dix ans de plus on a des idées peut-être différentes.

Chirurgien ou banquier

15. On commence à voir des femmes exercer certains métiers plutôt réservés aux hommes. Pour chacun des métiers suivants, auriez-vous plus, autant ou moins confiance dans une femme que dans un homme?

	Plus	Autant	Moins	Sans opinion
Avocat	8%	70%	20%	2%
Chirurgien	4%	47%	47%	2%
Pilote d'avion	2%	37%	57%	4%
Ingénieur	3%	72%	19%	6%
Médecin	8%	75%	16%	1%
Conducteur d'autobus	2%	56%	39%	3%
Banquier	4%	71%	20%	5%

16. Estimez-vous que, lorsqu'une femme a les mêmes compétences qu'un homme. . .

	oui	non	sans opinion
. . . elle a les mêmes chances de trouver du travail	41%	55%	4%
. . . elle a les mêmes chances d'avancement dans son emploi	41%	51%	8%
. . . elle gagne le même salaire	18%	75%	7%

A noter: la forte conscience de l'injustice dans la vie professionnelle. Et pourtant, les jeunes femmes, même entre 18 et 25 ans, alimentent cette injustice par leur méfiance. Détail intéressant: ce sont les filles de la catégorie socioprofessionnelle « agriculteurs » qui feraient le plus confiance (72%) à une femme chirurgien.

Enquête 2 (octobre 1972) 12 questions: les Français répondent

1. Est-ce que cela vous gênerait que votre femme gagne plus d'argent que vous?

Oui	14
Non	86

2. Et est-ce que cela vous gênerait qu'elle ait plus de biens, plus de fortune que vous?

Oui	9
Non	90
Ne savent pas	1

3. Enfin, est-ce que cela vous gênerait qu'elle occupe une fonction plus importante que la vôtre?

Oui	13
Non	85
Ne savent pas	2

4. Est-ce que cela vous gênerait d'avoir une femme comme supérieure hiérarchique dans votre travail?

Oui	30
Non	68
Ne savent pas	2

*5. Parmi les qualités suivantes, y en a-t-il qui vous paraissent typiquement féminines?

La sensibilité 54
L'intuition 28
Le sens des responsabilités 27
La fidélité 24
Le sens du devoir 23
L'imagination 22

*6. Et parmi les défauts suivants, y en a-t-il qui vous paraissent typiquement féminins?

La jalousie 45
L'humeur changeante 44
L'envie 30
Le mensonge 17
La médisance 17
Le manque de réflexion 15

7. Etes-vous pour ou contre l'utilisation de contraceptifs (pilules, etc.)?

Pour 58
Contre 35
Sans opinion 7

*8. Voici une liste d'adjectifs. Pouvez-vous dire quels sont les trois qui vous paraissent s'appliquer le mieux aux jeunes femmes d'aujourd'hui?

Libres 53
Indépendantes 41
Courageuses 28
Revendicatrices 27
Intelligentes 25
Intéressées 24
Equilibrées 17

9. Maintenant que les méthodes contraceptives existent, estimez-vous que le fait qu'une femme mariée ait des relations sexuelles avec un autre homme que son mari est. . .

sans importance 4

assez grave 25
très grave 68
Sans opinion 3

10. Et le fait qu'un homme marié ait des relations sexuelles avec une autre femme que son épouse, estimez-vous que c'est. . .

sans importance 8
assez grave 31
très grave 58
Sans opinion 3

11. Pour une femme, de nos jours, qu'est-ce qui vous paraît la meilleure solution?

	Hommes de 20 à 65 ans Octobre 1972	Femmes de 18 à 25 ans Avril 1972
Travailler toute sa vie	6	11
Travailler jusqu'au mariage	9	4
Travailler jusqu'à ce qu'elle ait des enfants	29	26
S'arrêter le temps d'élever ses enfants et reprendre ensuite	37	52
Ne pas travailler	16	5
Sans opinion	3	2

12. A votre avis, est-ce que les femmes d'aujourd'hui perdent de leur féminité. . .

	Oui	Non	Sans opinion
dans leurs vêtements, leur manière de s'habiller	54	44	2

	Oui	Non	Sans opi- nion			Oui	Non	Sans opi- nion
dans leur com- portement, leur genre de vie, leurs attitudes	51	45	4		dans leurs sentiments	25	60	15

SENS

accompli adj. *accomplished, fulfilled;* **un fait accompli** *an established and presumably irreversible deed or fact*

• **aliéner** v.tr. 1. *to give away* 2. *to lose* 3. *to estrange, to make hostile*

amende n.f. *fine*

briser v.tr. *to smash, to shatter*

cantonné adj. *shut in, limited to*

CAP Certificat d'Aptitude Professionnelle

carcan n.m. *iron collar*

cellule n.f. *cell*

chose n.f. *thing;* **pas grand'chose** *not much*

citer v.tr. *to quote*

civil adj. *civil;* **le code civil** *the rules governing the public life of French citizens, common law*

combattre v.tr. *to fight*

concevoir v.tr. *to conceive;* **il conçoit** ind. prés.; **conçu** p. passé

conquérir v.tr. *to conquer*

content adj. *happy*

• **coucher** v.tr. 1. *to lay down* 2. *to write down* 3. *to put to bed;* v.intr. 1. *to sleep, to pass the night* 2. fam.: *to have sexual intercourse*

courtois adj. *courteous;* **l'amour courtois** *a view of love originating in the "courts" of the French nobility in the 12th and 13th centuries and expressed in a rich literature where the lover is always the servant of his lady from whom he expects only a gracious welcome, a smile, or, maybe, a kiss.*

couvert n.m. *cover, table setting (plate, spoon, knife, fork . . .);* **mettre le couvert** *to set the table*

décaper v.tr. *to clean or scrape (metal, stone, etc.)*

démissionner v.intr. *to resign*

dépensier adj. *spendthrift*

député n.m. *a member (elected) of the National Assembly*

déshériter v.tr. *to disinherit*

donner v.tr. *to give;* **donner raison à** *to approve, to decide what is right*

échantillonnage n.m. *sampling*

encombré adj. *crowded*

encore que *despite the fact that*

ensemble n.m. *whole;* **dans l'ensemble** *on the whole*

fracas n.m. *uproar*

- **gêner** v.tr. 1. *to constrain, to cramp* 2. *to obstruct* 3. *to embarrass* 4. *to make short of cash* 5. *to bother, to annoy, to upset*

- **goûter** v.tr. 1. *to taste, to try* 2. *to relish, to enjoy* 3. *to approve of, to appreciate;* v.intr. *to take a mid-afternoon snack*

grogner v.intr. *to grumble*

guère adv. *barely, hardly*

infime adj. *minute*

licence n.f. *diploma roughly equivalent to the BA;* **licence de lettres** *BA in the Humanities*

lignée n.f. *issue, progeny, origin*

- **marcher** v.intr. 1. *to walk* 2. *to progress* 3. —— sur, dans, *to step on* 4. fam.: *to accept* 5. fam.: *to believe naively* 6. fam.: *to function* 7. *to thrive*

pain n.m. *bread*

parental adj. *pertaining to parents*

partage n.m. 1. *division* 2. *act of sharing*

- **peine** n.f. 1. *affliction, pain, grief* 2. *anxiety, worry* 3. *trouble, pains* 4. *difficulty, reluctance* 5. *punishment, penalty*

pénal adj. *penal;* **le code pénal** *the rules governing punishment for infractions and crimes, penal law*

petit à petit *little by little*

piège n.m. *trap*

plaquer v.tr. *to plate, to apply a rigid covering to an object made of a different material*

pleurer v. intr. *to cry*

poubelle n.f. *trash can*

prévoir v.tr. *to foresee, to anticipate*

prise (n.f.) **de conscience** *the fact of becoming aware*

professorat n.m. *the teaching profession*

putain n.f. pop.: *whore*

recueillir v.tr. *to gather*

régir v.tr. *to govern*

rémunérateur adj. fém.: **rémunératrice** *paying, profitable*

résigné adj. *resigned*

- **résolu** adj. 1. *solved* 2. *determined, resolute*
  restreint adj. *limited*
  revanche n.f. *return match;* **en revanche** *in return, in contrast, on the other hand*
- **revenir** v.intr. 1. *to come back, to come again* 2. *to recover* 3. *to cost* 4. *to belong to, to be the job of* 5. fam.: *to inspire confidence*
  révolter (se) v.pr. *to rebel*
  sale adj. *dirty*
  schéma n.m. *chart*
  sois (inf.: être) impératif
- **tache** n.f. *stain, blemish* **tâche** n.f. *task*
  taire (se) v.pr. *to keep silent;* **tais-toi** *be quiet, shut up*
  testament n.m. *will*
  tout de même *anyway;* **tout de même pas** *not that, not to that extent, we don't go that far*
- **tromper** v.tr. 1. *to delude* 2. *to cheat* 3. *to be unfaithful in love* 4. *to elude*
  usufruit n.m. *usufruct, use of a property that belongs to someone else*
  vaisselle n.f. *plates and dishes;* **faire la vaisselle** *to do the dishes*
  veuve n.f. *widow*

DIEU EST-IL MORT?

Dieu existe-t-il encore pour les hommes d'aujourd'hui? Et, si oui, comment? En France, les foules emplissent les églises à Pâques et à Noël, mais les prêtres ne se laissent pas impressionner par cette affluence de circonstance: ils sont convaincus que la France vit en ce moment une période d'incroyance. Deux rapports officiels de l'Eglise, à la fin de 1972, appuient cette conviction. L'un constate que, à Paris, le nombre des adultes qui se convertissent et demandent le baptême a diminué de moitié entre 1970 et 1972—de 1.000 il est passé à 500; l'autre rapport, qui émane du Secrétariat français pour les incroyants—office créé au lendemain du Concile Vatican II, estime que « l'incroyance généralisée est un phénomène de plus en plus fort » et souligne que « depuis deux ans, il y a une très grande montée de l'incroyance chez les jeunes. »

Ce phénomène n'est certainement pas nouveau. L'athéisme a toujours existé. Pourtant, des ennemis de l'Eglise aussi violents que Voltaire ou Robespierre étaient théistes. Voltaire a même écrit, dans l'article sur l'*athéisme* de l'Encyclopédie, que c'était à l'athée de prouver l'inexistence de Dieu, non au croyant de prouver son existence. Robespierre, qui avait organisé en 1793 la "Fête de l'Être Suprême", disait que l'athéisme était aristocratique, ce qui permet de penser qu'il aurait aimé couper autant de têtes athées qu'aristocrates. Or, l'athéisme, aujourd'hui, n'est plus aristocratique, c'est-à-dire le privilège d'une petite élite; il est collectif, il affecte des groupes humains entiers. Un bon tiers de l'humanité ignore ou rejette tout Dieu, ce qui ne s'était jamais vu depuis qu'il y a des hommes sur la terre. C'est souvent le croyant qui se sent minoritaire, admis avec indifférence dans les pays occidentaux, mais seulement toléré et souvent combattu dans les pays communistes, de la Chine à l'URSS.

Les rites

Ces observations générales doivent être précisées. Que nous apprennent les sondages d'opinion?

D'abord ceci: en 1968, 74% des Français adultes jugeaient l'existence de Dieu « certaine ou probable », et seulement 9% l'excluaient totalement. (La même année, Gallup donnait, aux USA, 98% de croyants.) Or, depuis qu'il y a des sondages d'opinion en France, cette proportion ne varie pas: 3 Français sur 4 sont croyants. Mais, que signifie « croyant »? Il y a sans doute autant de manières de croire et de ne pas croire qu'il y a de croyants, et d'incroyants. Et les sondages révèlent d'étonnantes contradictions. Ainsi, 1/4 des catholiques pratiquants qui assistent à la messe tous les dimanches déclarent qu'ils ne croient pas que Jésus-Christ est le fils de Dieu. A Pâques 1972, un sondage général donne les chiffres suivants:

croient en Dieu:	73%
considèrent Jésus-Christ le fils de Dieu:	49%

Ceci est vrai partout: en Allemagne, un sondage révélait que si 99% des Allemands étaient baptisés, 68% seulement croyaient en Dieu et 48% à une vie après la mort. A Londres, au même moment, une enquête apprit aux Pasteurs que 40% des paroissiens qui fréquentent les églises refusent de croire en la vie éternelle. En revanche, au moins 1/4 de ceux qui professent le doute, l'agnosticisme ou l'athéisme déclarent prier, et 20% parmi eux considèrent que le Christ fut « plus qu'un homme ».

La morale

La croyance survit donc, mais c'est une croyance qui fait bon marché des dogmes et qui n'est pas associée, le plus souvent, à un raisonnement intellectuel très élaboré. Plutôt que de croyance, il vaudrait mieux parler d'un chaos de notions, de sentiments ou d'aspirations non reliées, non hiérarchisées: plus aucune logique, plus aucune architecture. Seule demeure l'image d'un Dieu lointain, d'un « Etre Suprême », « quelque chose au-dessus de tout », sorte d'horloger de la Création.

Ce déisme se double d'un moralisme. A la « bonne nouvelle » de l'Evangile, les chrétiens ont progressivement substitué un code moral. Longtemps, cette morale a été individualiste, fondée sur la peur du sexe et le goût de l'ordre. Aujourd'hui, les plus avancés tentent d'en promouvoir une autre, libertaire et sociale. Mais les Eglises sont toujours perçues, de l'extérieur comme de l'intérieur, comme de puissantes institutions gardiennes de « la Morale ». A tel point que ceux qui les ont quittées se croient tenus de clamer bien haut qu'ils n'ont pas abandonné toute morale pour autant. « Je ne crois pas que je suis devenue mauvaise parce que je ne vais plus à la messe » dit une jeune femme de 25 ans.

Neuf catholiques sur dix, quand on leur demande ce qu'est à leurs yeux un « bon chrétien », ne font aucune mention de Dieu ni du Christ; sept sur dix n'évoquent même pas la pratique religieuse, mais tous se réfèrent à un comportement: « C'est quelqu'un qui essaye de faire le bien », « qui est charitable », « qui aime son prochain ». Cette attitude témoigne bien d'une crise de l'identité chrétienne. Les chrétiens qui rencontrent d'autres hommes dont la générosité et l'altruisme sont au moins égaux aux leurs, se demandent un beau jour ce que peut signifier le fait que d'autres pratiquent la même morale. Leur premier réflexe avait été de dire que ces « autres » étaient des « chrétiens sans le savoir ». Prenant conscience du caractère arbitraire et irritant d'un tel baptême imposé, ils commencent aujourd'hui à s'interroger: « Si les autres en font autant, ont la même morale, qu'est-ce que cela veut dire: être chrétien? qu'est-ce que cela apporte de plus? »

S'il est confondu avec un ensemble de préceptes moraux, qu'est-ce que le Christianisme apporte de plus que la Déclaration universelle des droits de l'homme? Sans doute peut-on dire qu'il a largement inspiré cette Déclaration, et donc qu'il a joué un rôle utile dans la prise de conscience de l'humanité. Mais, comme le dit une étudiante de 22 ans: « La foi est-elle vraiment nécessaire pour réussir sa vie? Je ne crois pas. On peut avoir une morale sans Dieu. Alors, à quoi bon croire? »

La question

Dieu se heurte à de solides obstacles. Il est trop abstrait, trop peu évident pour un monde qui veut s'attacher au réel, c'est-à-dire au visible, au concret. La conscience humaine exige que la croyance soit un acte raisonnable. Elle s'insurge parfois contre l'absence de preuve absolue qui donnerait une réponse définitive à la question. « Dieu ne communique vraiment pas beaucoup, dit un professeur de 45 ans. Le résultat, c'est qu'on ne peut ni prouver, ni nier l'existence de Dieu. Moi, je suis de mon temps, je n'ose affirmer, je n'ose dire ni oui ni non. Tout ce que l'on peut dire, c'est: il y a tant de chances pour, tant de chances contre. » Les Eglises et les philosophes (même athées) soulignent pourtant la possibilité d'un discours métaphysique convaincant à cet égard. L'absence de preuve irréfutable est un signe de la liberté des hommes qui se poseront toujours la question ramassée par Heidegger en une formule saisissante: « Pourquoi y a-t-il de l'être plutôt que rien? »

« Tout ce qui existe est le fruit du hasard et de la nécessité » avait dit Démocrite. Jacques Monod, Prix Nobel de médecine, a repris ce thème lors de son cours inaugural de biologie moléculaire au Collège de France, en novembre 67. Proclamant ses convictions athées, il a présenté comme résultat capital de la science, l'idée que l'homme a émergé « par hasard » de l'univers matériel, qu'il n'est pas une créature faite à l'image de Dieu, mais « le produit d'une somme incalculable d'événements fortuits ». A quoi d'autres ont rapidement répondu qu'une telle constatation, à supposer qu'elle soit vérifiée, n'épuisait pas le débat: pourquoi ce hasard, ces événements fortuits, l'univers matériel? Il existe des scientifiques croyants et des scientifiques incroyants, et la science ne permet en rien de trancher le débat de manière décisive.

L'obstacle majeur à la croyance est ailleurs. C'est l'existence du mal. Ivan Karamazov disait déjà: « Que vaut cette harmonie qui comporte un enfer? Je veux le pardon, le baiser universel, la suppression de la souffrance. Et si la souffrance des enfants sert à parfaire la somme des douleurs nécessaires à l'acquisition de la vérité, j'affirme que cette vérité ne vaut pas un tel prix. » Et Shopenhauer: « A supposer qu'un Dieu ait fait le monde, je n'aimerais pas être Dieu, car la misère du monde me déchirerait le cœur. » Et certes, comment une époque comme la nôtre, qui a institutionalisé la torture, qui a mis la science au service de la destruction (fours crématoires, bombe atomique) pourrait-elle ne pas achopper sur le problème du mal? « Ce qui m'a dégoûté de toute croyance en Dieu, dit un cadre moyen de 34 ans, c'est le sort des Juifs pendant la guerre. Si Dieu existe, c'est un sacré sadique! »

Beaucoup butent sur ce mur: ou bien Dieu existe, et c'est un méchant qu'il faut défier si l'on a quelque courage. Ou bien l'existence d'un tel Dieu est impossible.

Parallèlement, une dernière objection surgit, surtout dans les milieux intellectuels: tout Dieu est un rival pour l'homme, tout Dieu est un aliénant, et refuser son existence, c'est du même coup prendre au sérieux l'homme, la liberté, l'histoire. « Dieu, dit un peintre de 37 ans, c'est la lâcheté des hommes. »

A quoi les chrétiens répliquent que si la religion est, peut-être, en partie aliénante, la foi ne l'est pas et que leur Dieu est tellement « passionné de l'homme » qu'il lui a livré le monde, a conclu alliance avec lui, et lui a laissé la plus grande liberté: celle de le récuser. S'il y a sur ce point malentendu, il paraît d'autant plus fragile que les humanistes de tout bord, croyants ou athées, socialistes ou libéraux, se trouvent aujourd'hui coalisés bon gré mal gré, pour parer aux dangers d'une société qui risque de nier l'homme en le réduisant aux fonctions de production et de consommation.

Comment l'homme peut-il vivre à l'âge scientifique? Comment fera-t-il face à certains effets inéluctables du progrès technique? Poser une telle question, c'est reconnaître que l'homme n'est plus vraiment le maître du jeu, et qu'il a cédé le rôle à la technique. Tout se passe comme si la technique ne recevait plus de l'homme ses impulsions. Si elle progresse, c'est en fonction de ses besoins propres. « Dans la société future, nous explique un membre de l'Académie américaine pour l'an 2000, la conduite humaine deviendra moins spontanée et moins mystérieuse, plus déterminée et sujette à une programmation délibérée. »

La révolte

Bien avant les économistes et les sociologues, un petit juif tchèque, médiocre employé de bureau, Franz Kafka, avait décrit avec une véracité impitoyable et expressive ce que serait la condition et l'angoisse de l'homme dans la société de production et de consommation qui est la nôtre. C'est au même constat tragique et désespéré que sont parvenus des écrivains comme Camus, Beckett, Ionesco. Jamais peut-être, la voix de l'homme, celle de la littérature, de la pensée, de l'art n'avait été aussi pessimiste. Philosophie et littérature concluent d'habitude à l'inéluctable vanité de toute chose, à l'immense tristesse de la vie, à la métaphysique de l'absurde et du néant. Parce que seule n'est pas douteuse la précarité de l'existence humaine et son ennui profond.

Les révoltes étudiantes, si irrationnelles, si terroristes, qu'elles aient été parfois, sont aussi une réaction saine de rejet d'un monde impersonnel, des conditionnements et des écrasements de l'ère technétronique.

Dès lors jaillissent les interrogations: le bonheur sera-t-il concevable à l'ère technétronique? Et s'il n'existe pas, à quoi bon la vie? Pour quoi faire, l'action, la liberté? Et moi, l'homme, qu'est-ce que je fais là? Quel sens a le monde? Il arrive que les hommes constatent l'impossibilité de trouver en eux-mêmes et par eux-mêmes la réponse. Et il arrive qu'ils découvrent ainsi Dieu "en creux", qu'ils aient besoin de Dieu, faim de Dieu.

Dieu est-il en train de ressusciter?

Des hommes d'Eglise craignent que Dieu ne soit bien mort, puisque « l'on ne discute même plus de son existence. » Ce qui n'est pas si sûr. Une secrétaire de 21 ans dit: « J'ai une bande d'amis, de garçons et de filles. Vous ne le croirez pas, pourtant il nous arrive de discuter de l'existence de Dieu. Il y a un garçon dans notre bande qui y croit. Moi, je ne sais pas. Je voudrais bien. » Un directeur d'entreprise, 46 ans, ajoute: « Quand vous avez avec quelqu'un une discussion approfondie, il est difficile de ne pas remonter à un moment ou l'autre à la préoccupation ultime. »

Interviewé par l'ORTF, Malraux déclarait: « La civilisation moderne est en train d'essayer de noyer le sentiment de servitude—(qu'elle ne noie pas du tout, même dans le whisky)—qui est beaucoup plus fort qu'elle, et de penser que cela durera comme cela. Or, je suis persuadé que cela ne peut durer ainsi. Ou bien l'humanité aura trouvé une nouvelle transcendance, c'est-à-dire un nouvel accord entre le sentiment de servitude et, disons, le cosmos—appelons ça comme on voudra —ou bien naîtra une nouvelle religion, ce qui reviendra un peu au même. »

Reste à trouver le nom de ce Dieu qui se trouve partout requis. Le Dieu du déisme, solution bouche-trou, paraît avoir les plus fortes chances. Rien ne permet encore de dire si, attachées à leur renouvellement, mais saisies par le doute et affairées aux problèmes de leur organisation, les Eglises sauront relever le défi qui leur est aussi lancé. Et si l'emportera finalement le Dieu du déisme ou le Dieu qu'elles veulent annoncer.

. . . est-il possible de parler, autrement que de l'extérieur, d'une crise de la foi? Du point de vue de la foi —quel que soit le soupçon qui pèse sur un tel langage—il ne peut y avoir crise de la foi—sauf pour des hommes de peu de foi. Car la foi est toujours crise. Ou bien elle n'est qu'illusion. Ou bien, si elle est la réalité qu'elle dit être, elle est dans une vie humaine l'irruption de quelqu'un qui est à la fois tout autre et tout proche, qui sans cesse interpelle tout homme et l'appelle à la conversion, c'est-à-dire à la mise en cause et au retournement de toute son existence, à sortir de son repliement pour s'ouvrir à l'amour. Cette irruption est toujours là, cette interpellation se fait entendre de chacun à tout moment, quelles que soient les vicissitudes culturelles et les évolutions personnelles. Ce qui varie, c'est la prise de conscience, l'expression plus ou moins claire de cette irruption; ce qui est en jeu, et qui est le drame du salut, c'est la réponse vécue qui est donnée. Ce drame comporte, individuellement et collectivement, des périodes de lumière et des périodes de nuit, de sérénité et d'insécurité. Peut-être les périodes de nuit et d'insécurité sont-elles les plus riches et les plus fécondes, celles qui attestent le mieux la puissance de l'Esprit. S'il en est ainsi, la période que vit l'Eglise, loin d'être celle d'une soi-disant crise de la foi, est peut-être une période de réveil, de renouvellement, d'espérance.

J.-J. NATANSON

Langage, existence, communauté ESPRIT. Numéro spécial nov. 71

SENS

achopper v.intr. *to bump into, to be stopped by an obstacle; to trip, to stumble*

affairé adj. *busy*

affluence n.f. *crowd*

apprit (inf.: apprendre *to learn*) passé simple

• **assister** v.tr. *to help someone;* v.tr.ind. *to be present as a spectator, to attend*

attacher (s') v.pr. *to cling, to adhere*

autant *as much;* **pour autant** *for all that*

baiser n.m. *kiss*

bord n.m. *edge, side;* **de tout bord** *of all persuasions, of every stamp*

bouche-trou n.m. *stopgap*

buter v.intr. *to hit*

céder v.tr. *to yield*

certes *indeed*

• **chance** n.f. 1. *luck* 2. *opportunity*

circonstance f. *circumstance;* **de circonstance** *made or put on for the occasion*

clamer v.tr. *to shout*

coalisé adj. *united*

conditionnement n.m. *conditioning*

• **confondre** v.tr. p. passé: **confondu;** 1. *to confuse* 2. *to mingle* 3. *to mistake* 4. *to identify with*

constat n.m. *certified report*

convertir (se) v.pr. *to be converted*

coup n.m. *blow;* **du même coup** *at one blow, at the same time*

craindre v.tr. *to fear*

creux n.m. *hollow, hole;* **en creux** *to sink, to make a design by cutting furrows into the material*

déchirer v.tr. *to tear to pieces*

défi n.m. *challenge;* **lancer un défi** *to challenge;* **relever le défi** *to accept the challenge*

défier v.tr. *to defy, to brave*

dégoûter v.tr. *to disgust*

dès lors *from then on;* **dès lors que** *since*

• **doubler** v.tr. 1. *to double* 2. *to understudy* 3. *to dub* 4. *to line* 5. *to pass, to overtake*

écrasement n.m. *crushing, annihilation*

égard n.m. *regard, consideration;* **à cet égard** *in this respect*

emporter v.tr. *to carry away;* **l'emporter** *to win*

enfer n.m. *hell*

- **épuiser** v.tr. 1. *to drain, to exhaust* 2. *to use up* 3. *to tire out*
  étonnant adj. *astonishing*
  évangile n.m. *gospel*
  face n.f. *face, front;* **faire face** *to face, to meet*
  foi n.f. *faith*
  fonder v.tr. *to found, to establish*
  fortuit adj. *fortuitous*
  foule n.f. *crowd*
  four n.m. *oven*
  gardien n.m. *keeper*
  gré n.m. *wish, liking;* **bon gré mal gré** *willy-nilly*
  habitude n.f. *habit;* **d'habitude** *usually*
  heurter (se) v.pr. 1. *to run into* 2. *to collide* 3. *to come up against a difficulty*
  horloger n.m. *clockmaker*
  impitoyable adj. *merciless*
  impressionner v.tr. *to impress*
  incroyance n.f. *unbelief*
  incroyant n.m. *unbeliever*
  inéluctable adj. *unavoidable*
  insurger (s') v.pr. *to rebel, to protest*
  irriter v.tr. *to irritate*
  jaillir v.intr. *to spring, to spurt*
  Juif n.m. *Jew*
  lâcheté n.f. *cowardice*
  lancer v.tr. *to throw;* **lancer un défi** *to challenge*
  lendemain n.m. *the next day*
  lors adv. *then;* **lors de** *at the time of;* **dès lors** *from then on, thence;* **dès lors que** *since*
  mal n.m. *evil*
  malentendu n.m. *misunderstanding*
  marché n.m. *market; rate; transaction;* **faire bon marché** *to hold cheap*
  méchant adj. *wicked*
  moitié n.f. *half;* **de moitié** *by half*
- **moral** n.m. 1. *mental faculties* 2. *spirit, morale;* **morale** n.f. 1. *ethics* 2. *morality* 3. *lecture* 4. *moral (of a story)*
  néant n.m. *nothingness*
  nier v.tr. *to deny, to negate*
  nouvelle n.f. *news*
  noyer v.tr. *to drown*
  Pâques *Easter*
- **parer** v.tr. 1. *to adorn* 2. *to dress, to attire* 3. *to ward off* 4. *to peel;* v.intr. *to fend, to guard against*

parfaire v.tr. *to complete, to perfect*
paroissien n.m. *parishioner*
percevoir v.tr. *to perceive;* **perçu** p. passé
point n.m. *point;* **à tel point que** *to such an extent that*
prêtre n.m. *priest*
preuve n.f. *proof*
prier v.tr. *to pray*
- **prochain** adj. *next, nearest, immediate;* n.m. *neighbor, fellowman*
promouvoir v.tr. *to promote, to advance*
ramassé adj. *condensed*
récuser v.tr. *to object to, to reject*
rejet n.m. *rejection*
relever v.tr. *to raise up;* **relever le défi** *to take up the challenge*
- **relier** v.tr. 1. *to link again* 2. *to bind* 3. *to connect, to join*
renouvellement n.m. *renewal, renovation*
répliquer v.intr. *to retort*
requis adj. *required, requisite, necessary*
ressusciter v.tr. *to ressuscitate, to raise from the dead*
revenir v.intr. *to come back;* **revenir au même** *to amount to the same thing*
- **sacré** adj.: n.+ —— *holy, consecrated;* —— + n. *damned, cursed*
sain adj. *sound, healthy*
saisissant adj. *striking, startling*
sérieux n.m. *seriousness;* **prendre au sérieux** *to take seriously*
- **servir** v.tr. 1. *to serve* 2. *to wait on* 3. *to help* 4. *to supply* 5. *to operate;* v.intr. 1. *to be of use* 2. *to be useful or good for* 3. *to be conducive to*
sort n.m. *fate, destiny*
souffrance n.f. *suffering*
sujet adj. *subjected, subject*
supposer v.tr. *to suppose;* **à supposer que** *granted that, in the event that*
survivre v.intr. *to survive*
technétronique adj. technique + électronique
- **tenter** v.tr. 1. *to attempt, to try* 2. *to tempt*
trancher v.tr. *to cut through;* **trancher le débat** *to settle the question*
tristesse n.f. *sadness*

INDEX

The Index lists the words that appear in the reading selections of this book. The page numbers refer to the page where the word is first explained in the appropriate *SENS* section.

Certain words are not included in the *SENS* sections. They are:

— The words used in the graffiti illustrations.
— Words which are obvious cognates.
— Sixty-five words which are all "function" or "structural" words. If necessary, these should be looked up in a French grammar or a similar reference book. The "function" or "structural" words are followed by the letters FS instead of page numbers.

In the *Première partie*, the words and expressions for each reading selection are listed in the order of appearance.

In the *Deuxième partie*, the words and expressions are listed in accordance to structural categories, e.g., nouns, verbs, etc. To look up a word, the student must determine its grammatical function before he can speedily locate the word in the list. In the beginning this may require a little guessing, but the student will learn quickly to determine the function of a word by its particular form and place in the sentence.

In the *Troisième partie*, the words are listed as they generally would be in a dictionary. Some of the words are preceded by a dot. These words are listed with several different meanings. The student must therefore select the meaning that best fits the particular context. This requirement to choose gives the student practice in using a regular standard dictionary.

Acknowledgments

The reading selections in *Contextes* are based on newspaper and magazine articles. We are grateful to the following authors and publishers for permission to use their materials.

PART II

1. «Etre heureux»: *L'Express*, 17–23 février 1969, p. 38. Présentation par Françoise Giroud.
2. «Qui sont les Français?»: *L'Express*, Édition spéciale 1970, 985 bis, hors série, pp. 18, 84.
3. «La chanson n'est pas un art frivole»: *L'Express*, 19–25 janvier 1970, p. 42. Article de Danielle Heyman.
4. «Les amis de la France»: *L'Express*, 24 février–2 mars 1969, p. 4. Publicité: *Salut les Copains, Paris-Match, Mademoiselle Age tendre,* Office du tourisme américain.
5. «Moi et les autres»: *Elle*, 3 mai 1971, p. 30. Article de Christian Bretagne.
6. «Les Français chez eux»: *Elle*, 19 janvier 1970, Article de Jacqueline Chaumont et Anne Raimond.
7. «L'or qui mousse»: *L'Express*, 9–15 février 1970, p. 53.
8. «Tu et vous»: *Elle*, 8 février 1971, p. 16. Article de Christian Bretagne.
9. «Le rugby . . . »: *L'Express*, 12–18 février 1968, p. 69; 19–25 janvier 1970, p. 40. Article de Gilbert Dupont.
10. «Comment va la cuisine française?»: *L'Express*, 25–31 juillet 1966, p. 44; Édition spéciale 1970, 985 bis, p. 68.
11. «Vit-on mieux à Paris ou en province?»: *Réalités*, août 1970, p. 36. Article d'Alain Ganassi; *L'Express*, 23–29 novembre 1970. Article d'André Bercoff.
12. «Qui fait la mode?»: *Le Nouvel Observateur*, 19–25 janvier 1970. Article de Katia Kaupp; *Elle*, 19 janvier 1970. Article de Soizic Carre et Denise Sarrault; *L'Express*, 24 février–1er mars 1970. Article de Françoise Giroud.
13. «Changer les lycées»: *Esprit*, avril 1970, p. 816. Article de Paul Dehem.
14. «La France de Cucugnan»: *Le Nouvel Observateur*, 8–14 juin 1970, p. 32. Article d'Yvon Le Vaillant.
15. «Hypermarchés . . . »: *Le Nouvel Observateur*, 10–16 novembre 1969. Article de Jacques Mornand; *L'Express*, 13–19 juillet 1970. Article de R. de Clermont Tonnerre; 5–11 octobre 1970. Article de Maurice Roy.
16. «Que lisent les Français?»: *Le Magazine littéraire*, novembre 1966; novembre 1967. Articles de Blanche Durrels et de Jean Patrick Maury; *L'Express*, 24 février–2 mars 1969, p. 42; *Le Nouvel Observateur*, 2–8 novembre 1970, p. 45. Article de Nicole Boulanger.
17. «Les nouveaux paradis terrestres»: *L'Express*, 17–23 août 1970, p. 55. Article de Michèle Georges.
18. «La psychose d'août»: *L'Express*, 17–23 février 1969, p. 62. Article de Monique Gilbert; 29 juin–5 juillet 1970, p. 56. Article de Georges Suffert; 31 août–6 sept. 1970, p. 64. Article d'Albert du Roy.
19. «Le prix du passé»: *L'Express*, 28 décembre–3 janvier 1971, p. 58. Article de Françoise Monier et Marie Laure de Leotard; 19–25 avril 1971, p. 67. Article de Hélène Demoriane.
20. «Les jeunes et la politique»: *L'Express*, 24 février–2 mars 1969. Article de Françoise Giroud. «Enquête sur la jeunesse»: p. 43; *Le Nouvel Observateur*, 2–9 mars 1970, p. 23. Article de Bruno Charpentier.

PART III

1. «La démocratisation de l'enseignement . . . »: The special issue of *Les Temps modernes* (avril 1970) has been used for background, especially the presentation by André Gorz. *Le Nouvel Observateur*, 4–10 mai 1970, p. 22. Article de Jacques Julliard.

2. «Drogue et société»: *Sélection hebdomadaire Le Monde*, 22–28 janvier 1970, p. 7. Article de Jacques Ellul.

3. «La francophonie»: *Sélection hebdomadaire Le Monde*, 18–24 juin 1970. Article de P. J. Franceschini: «Essor et limites de la francophonie».

4. «Jusqu'où vont-elles aller, les femmes?»: *Le Nouvel Observateur*, 16–22 novembre 1970. Article de Josette Alia: «Les colères du deuxième sexe»; *Sélection hebdomadaire Le Monde*, 11–17 mars 1971. Article d'Alain Duhamel: «Les femmes et la politique»; *Réalités*, février 1971. Article de Régine Gabbey: «La Femme révoltée: menace ou promesse pour notre société?»

5. «Dieu est-il mort?»: *Le Point*, 25 décembre 1972, p. 46. Article de Jacques Duquesnes; *L'Express*, 30 mars–5 avril 1970, p. 30. Article de Jacques Duquesnes.